Aspekte|neu

Mittelstufe Deutsch

Grammatik B1plus bis C1

von

Tanja Sieber

Ernst Klett Sprachen

Stuttgart

Übungen: Tanja Sieber
Grammatikübersichten: Ute Koithan, Helen Schmitz, Tanja Sieber, Ralf Sonntag
Grammatikterminologie: Helen Schmitz

Redaktion: Annerose Remus
Zeichnungen: Daniela Kohl
Umschlaggestaltung: Studio Schübel, München (Treppe: drsg98 – Fotolia.com; Grashalm: Eiskönig – Fotolia.com;
Rose: studioschübel.de; Kirchenfenster: Beverley Grace – Fotolia.com; Birnbaum: dp@pic –
Fotolia.com; Glühbirne: chones – Fotolia.com)

Aspekte | neu – Materialien	B1plus	B2	C1
Lehrbuch mit DVD	605015	605024	605034
Lehrbuch	605016	605025	605035
Audio-CDs zum Lehrbuch	605020	605029	605039
Arbeitsbuch mit Audio-CD	605017	605026	605036
Lehr- und Arbeitsbuch mit Audio-CD, Teil 1	605018	605027	605037
Lehr- und Arbeitsbuch mit Audio-CD, Teil 2	605019	605028	605038
Unterrichtshandbuch inkl. Digitalem Unterrichtspaket	605244	605245	605246
Intensivtrainer	605022	605031	605041

www.aspekte.biz
www.klett-sprachen.de/aspekte-neu

1. Auflage   1 ⁹ ⁸ ⁷ | 2024 23 22

© Ernst Klett Sprachen GmbH, Rotebühlstraße 77, 70178 Stuttgart, 2017
Erstausgabe erschienen 2016 bei Klett-Langenscheidt GmbH, München

Satz und Repro: Satzkasten, Stuttgart
Druck und Bindung: DRUCKEREI PLENK GmbH & Co. KG, Berchtesgaden

ISBN 978-3-12-605032-6

MIX
Paper from
responsible sources
FSC® C005370

Inhalt

Inhalt

Abkürzungen und Symbole:

B2K8M3   Der Verweis bezieht sich auf die Lehrbücher von *Aspekte neu* B1plus bis C1. Dieses grammatische
↑ ↑ ↑   Thema wird auf Niveau B2, Kapitel 8, Modul 3 eingeführt.
Niveau │ Modul
   Kapitel

▶ B1plus   Wird ein grammatisches Thema auf verschiedenen Niveaustufen behandelt, kennzeichnet der
         Verweis, ab welchem Niveau die Übung bearbeitet werden kann.

Verb

Vergangenes ausdrücken B1+K1M1

Funktion

Präteritum	Perfekt	Plusquamperfekt
• von Ereignissen schriftlich berichten, z. B. in Zeitungsartikeln, Romanen • mit Hilfs- und Modalverben berichten	von Ereignissen mündlich oder schriftlich berichten, z. B. in E-Mails, Briefen	von Ereignissen berichten, die vor einem anderen Ereignis in der Vergangenheit passiert sind

Bildung

Präteritum	Perfekt	Plusquamperfekt
• regelmäßige Verben: Verbstamm + Präteritumsignal -*t*- + Endung (z. B. *träumen – träum**te**, fragen – frag**te***) • unregelmäßige Verben: Präteritumstamm + Endung (z. B. *wachsen – wuchs, kommen – kam*) keine Endung bei 1. und 3. Person Singular	*haben/sein* im Präsens + Partizip II	*haben/sein* im Präteritum + Partizip II

Perfekt – **Bildung Partizip II**
* regelmäßige Verben:
  - ohne Präfix: *sagen – **ge**sag**t***
  - trennbares Verb: *aufhören – auf**ge**hör**t***
  - untrennbares Verb: *verdienen – verdien**t***
  - Verben auf -*ieren*: *faszinieren – faszinier**t***
* unregelmäßige Verben:
  - ohne Präfix: *nehmen – genomm**en***
  - trennbares Verb: *aufgeben – auf**ge**geb**en***
  - untrennbares Verb: *verstehen – verstand**en***

Ausnahmen (Mischverben):   *kennen – kannte – habe gekannt   bringen – brachte – habe gebracht*
                           denken – dachte – habe gedacht   wissen – wusste – habe gewusst

1   **Ergänzen Sie im Interview zum Thema „Traumberuf" die Verben im Perfekt.**

Maja, du (1) _____ deinen Traumberuf _____ (finden). Wie (2) _____ du auf die Idee _____ (kommen), Diplomatin zu werden?

Ich (3) _____ zuerst zwei Semester Politikwissenschaft _____ (studieren). Dann (4) _____ ich eher zufällig von der Ausbildung im Auswärtigen Amt _____ (erfahren). Ich (5) _____ mich _____ (sich informieren) und das (6) _____ alles sehr interessant _____ (klingen). Deshalb (7) _____ ich mich _____ (sich entschließen), mein Studium abzubrechen, und (8) _____ mich dort um einen Ausbildungsplatz _____ (sich bewerben).

Wie (9) _____ du dich auf das Auswahlverfahren _____ (sich vorbereiten)?

Ich (10) _____ _____ (versuchen), mein Allgemeinwissen aufzufrischen und meine Sprachkenntnisse zu verbessern.

(11) _____ dir die Vorbereitung bei dem Test _____ (helfen)?

Eher wenig. Die psychologischen Tests (12) _____ im Vordergrund _____ (stehen) und auf diese kann man sich ja nicht so gut vorbereiten.

Was ist das Besondere an diesem Beruf?

Na ja, ich (13) _____ in den letzten Jahren schon dreimal _____ (umziehen) und (14) _____ viele verschiedene Länder und Kulturen _____ (kennenlernen). Das ist wirklich spannend!

Verb

2 Formulieren Sie die Aussage von Katja Huber in eine Biografie um. Markieren Sie zuerst alle Perfektformen und ersetzen Sie diese dann durch das Präteritum.

Ich bin 1985 in Garmisch zur Welt gekommen. Bereits im Alter von drei Jahren habe ich zum ersten Mal auf Skiern gestanden. Mit fünf Jahren bin ich meine ersten Rennen gefahren. Mit zehn Jahren bin ich in ein auf Wintersport spezialisiertes Internat gegangen. Am Vormittag habe ich in der Schule gelernt und am Nachmittag habe ich mehrere Stunden trainiert. Im Lauf der nächsten Jahre habe ich viele wichtige Rennen und Meisterschaften gewonnen. Mit 19 Jahren habe ich mein Abitur gemacht und danach habe ich mich komplett auf den Sport konzentriert. 2010 habe ich mich auf die Olympischen Winterspiele vorbereitet, aber dabei habe ich mich schwer am Knie verletzt und habe dann leider nicht daran teilgenommen. Nach einigen Operationen habe ich mich entschieden, den professionellen Skisport aufzugeben. Heute besitze ich eine kleine Skischule mitten in den Alpen und bin auch ohne Medaillen glücklich.

Katja Huber

Katja Huber kam 1985 in Garmisch zur Welt. ...

3 Was war zuerst passiert? Formulieren Sie die Sätze im Präteritum und Plusquamperfekt.

1. es / klingeln / an der Tür – nachdem / sie / gerade / aufstehen
2. der Postbote / bringen / einen Brief – auf den / sie / schon lange / warten
3. sie / sich bewerben auf / eine interessante Stelle in Berlin – und das / müssen sein / der Arbeitsvertrag
4. sie / wollen leben / wieder in der Stadt – wo / sie / studieren
5. nachdem / sie / sich anziehen – sie / anrufen / alle Freunde
6. alle / freuen sich / für sie – obwohl / sie / sagen / niemandem / etwas

4 Perfekt, Präteritum und Plusquamperfekt. Ergänzen Sie die Verben.

bewerben   abschließen   bestehen   reisen   erfüllen   machen   werden   *sein*   eröffnen   zeigen
besuchen   promovieren   bekommen   beginnen   genießen   fühlen   studieren   zurückkehren   beschließen

Nils Haak (1) _____ 1981 in Hamburg geboren. Er (2) _____ bereits als Kind ein

ausgeprägtes Interesse für Technik und Maschinen. Als er später das Gymnasium (3) _____,

(4) _____ er vor allem in den Naturwissenschaften gute Noten. Nach dem Abitur (5) _____

er ein Ingenieurstudium. Nachdem er zwei Jahre an der Hamburger Universität (6) _____,

(7) _____ er sich um ein Stipendium an einer berühmten amerikanischen Uni. In den USA

(8) _____ er sein Studium _____ und (9) _____ anschließend.

„Mit dem Studium in den USA (10) _____ ich mir einen großen Traum _____. Die Zeit dort

(11) _____ ich sehr _____ und ich (12) _____ dort viel durchs Land

_____.“ Nach fünf Jahren (13) _____ er nach Deutschland _____, wo er

schnell Karriere in einem großen Unternehmen (14) _____.

Nils' Leben (15) _____ in den folgenden Jahren fast nur aus Arbeit und irgendwann

(16) _____ er sich so erschöpft, dass er (17) _____, etwas Neues auszuprobieren.

„Nach einigen erfolgreichen Jahren (18) _____ ich mit einem Freund ein kleines Restaurant

_____. Das (19) _____ am Anfang sehr stressig, aber jetzt macht es mir viel Spaß. Aber

wer weiß, vielleicht mache ich in ein paar Jahren wieder etwas ganz anderes.“

Zukünftiges ausdrücken

Zukünftiges kann man mit zwei Tempusformen ausdrücken.

Präsens (oft mit Adverbien und anderen Zeitangaben)	*Bald* **habe** *ich einen besseren Job.*
Futur I (*werden* + Infinitiv)	*Ich* **werde** *(bald) einen besseren Job* **haben**.

Das Futur I wird auch oft verwendet, um Vermutungen oder Aufforderungen auszudrücken.

Hast du Marco gesehen? – Ach, der **wird** *schon in der Kantine* **sein**.   Vermutung

Sie **werden** *das Protokoll jetzt bitte sofort* **schreiben**.   Aufforderung

Aufforderungen mit Futur I sind sehr direkt und eher unhöflich.

Bildung des Futur I

ich	**werde** anrufen	wir	**werden** anrufen
du	**wirst** anrufen	ihr	**werdet** anrufen
er/es/sie	**wird** anrufen	sie/Sie	**werden** anrufen

5 Pläne für den Ruhestand. Was sagen Herr und Frau Müller? Schreiben Sie die Sätze im Futur I.

- das Haus verkaufen
- viele Reisen zusammen machen
- Freunde uns einladen
- mir ein neues Hobby suchen

- viele Ausflüge mit meinen Freundinnen unternehmen
- das Haus renovieren
- viel Zeit miteinander verbringen
- Enkeltochter oft zu Besuch kommen

Herr Müller: *Wir werden …*   Frau Müller: *Ich werde …*

6 Warum sind die Kollegen noch nicht da? Formulieren Sie Vermutungen.

Frau Romolus

Herr Kengler

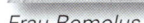

Herr Montag und Frau Moithan

Frau Bilimann

Frau Fitz und Herr Neuer

Herr Liebert

1. Frau Romolus wird …

Verb

objektive Modalverben

Bedeutungen

Modalverb	Bedeutung	Alternativen (immer mit *zu* + Infinitiv)
dürfen	Erlaubnis	*es ist erlaubt, es ist gestattet, die Erlaubnis / das Recht haben*
nicht dürfen	Verbot	*es ist verboten, es ist nicht erlaubt, keine Erlaubnis haben*
können	a) Möglichkeit b) Fähigkeit	*die Möglichkeit/Gelegenheit haben, es ist möglich* *die Fähigkeit haben/besitzen, in der Lage sein, imstande sein*
möchten	Wunsch, Lust	*Lust haben, den Wunsch haben*
müssen	Notwendigkeit	*es ist notwendig, es ist erforderlich, gezwungen sein, haben*
sollen	Forderung	*den Auftrag / die Aufgabe haben, aufgefordert sein, verpflichtet sein*
wollen	eigener Wille, Absicht	*die Absicht haben, beabsichtigen, vorhaben, planen*

Tempus

Präsens: *Simon <u>kann</u> nicht an der Prüfung <u>teilnehmen</u>. Er ist krank.*
Präteritum: *Simon <u>konnte</u> nicht an der Prüfung <u>teilnehmen</u>. Er war krank.*
Perfekt: *Simon <u>hat</u> nicht an der Prüfung <u>teilnehmen können</u>. Er war krank.*

Wenn man über die Vergangenheit spricht, benutzt man die Modalverben meist im Präteritum.
Ausnahme: *möchte* hat kein Präteritum. Man verwendet dann das Präteritum von *wollen*.

	wollen	können	müssen	dürfen	sollen
ich	will wollte	kann konnte	muss musste	darf durfte	soll sollte
du	willst wolltest	kannst konntest	musst musstest	darfst durftest	sollst solltest
er/es/sie	will wollte	kann konnte	muss musste	darf durfte	soll sollte
wir	wollen wollten	können konnten	müssen mussten	dürfen durften	sollen sollten
ihr	wollt wolltet	könnt konntet	müsst musstet	dürft durftet	sollt solltet
sie/Sie	wollen wollten	können konnten	müssen mussten	dürfen durften	sollen sollten

7 **Schule heute und früher. Welches Modalverb passt? Ergänzen Sie im Präsens (Text A) und im Präteritum (Text B).**

A Die Schule ist ganz okay. Natürlich (1) _____ ich oft in meiner Freizeit

lernen und (2) _____ nicht immer Fußball oder am Computer spielen, wann

ich (3) _____. Unser Direktor ist ziemlich streng, wir (4) _____ unsere

Handys auf dem Schulgelände nicht anschalten. Die meisten Lehrer sind ganz

cool, man (5) _____ auch mal einen Spaß machen, ohne dass es gleich Ärger

gibt. Was ich nach dem Abitur machen (6) _____, weiß ich jetzt noch nicht. Meine Eltern sagen, dass ich

studieren (7) _____. Aber ich habe ja noch genug Zeit, bis ich mich entscheiden (8) _____.

B Meine Schulzeit? Also, wir (9) _____ sehr früh aufstehen. Der Weg zur Schule war weit und wir (10) _____ nicht zu spät kommen. Aber wir (11) _____ schon mittags wieder nach Hause gehen. Am Nachmittag (12) _____ wir kurz Hausaufgaben machen, aber dann (13) _____ wir unsere Freunde treffen. Ich (14) _____ am liebsten immer draußen spielen. Außerdem (15) _____ ich Sport machen, das hat mir viel Spaß gemacht. Ich (16) _____ gut schwimmen und turnen. Als ich auf dem Gymnasium war, (17) _____ ich auch am Samstag in die Schule gehen. Nach dem Abitur (18) _____ ich studieren, aber ich (19) _____ nicht. Meine Eltern haben es nicht erlaubt.

8 **Regeln im Sprachkurs. Wählen Sie die passende Alternative und formulieren Sie die Sätze um.**

~~erforderlich sein~~   beabsichtigen   gestattet sein   in der Lage sein   den Wunsch haben   die Aufgabe haben

Informationen zum Sprachkurs

1. Vor Beginn des Kurses müssen Sie einen Einstufungstest machen.
2. Alle Teilnehmer müssen regelmäßig die Hausaufgaben machen.
3. Teilen Sie uns frühzeitig mit, wenn Sie am Kursende eine Prüfung absolvieren wollen.
4. Wenn Sie mit einem Tandem-Partner üben möchten, hilft Ihnen unser Büro gern weiter.
5. Wenn Sie aus Krankheits- oder anderen Gründen nicht zum Kurs kommen können, geben Sie bitte im Büro Bescheid.
6. Im gesamten Gebäude darf nicht geraucht werden.

1. Vor Beginn des Kurses ist es erforderlich, einen Einstufungstest zu machen.

subjektive Modalverben   C1K8M1/C1K8M3

Behauptungen ausdrücken

Mit den Modalverben *wollen* und *sollen* wird eine Behauptung ausgedrückt, die man nicht überprüfen kann oder vielleicht bezweifelt.

Bedeutung	Behauptung mit Modalverb	Umschreibung ohne Modalverb
Eine Person gibt wieder, was sie gelesen oder gehört hat.	***sollen:*** *Der Psychologe* **soll** *eine wichtige Studie durchgeführt haben.*	*In der Zeitung / Im Artikel steht/stand, dass …* *Man sagt/berichtet/behauptet, dass …* *In der Studie stand, dass der Psychologe eine wichtige Studie durchgeführt hat.*
Eine Person gibt wieder, was jemand von sich selbst sagt.	***wollen:*** *Der Psychologe* **will** *eine wichtige Studie durchgeführt haben.*	*Er/Sie erzählt/behauptet / gibt vor, dass …* *Er/Sie sagt von sich selbst, dass …* *Der Psychologe gab an, dass er eine wichtige Studie durchgeführt hat.*

Verb

Vermutungen ausdrücken

Grad der Sicherheit	Modalverb + Infinitiv	Umschreibung ohne Modalverb
hoch / **Etwas ist sicher.**	***müssen:*** Die Diagnose des Psychologen **muss** falsch sein.	Ich bin sicher, dass … Ich bin überzeugt, dass … Alles deutet darauf hin, dass … Alle Anzeichen sprechen dafür, dass … Bestimmt/Sicher/Gewiss/Zweifellos …
	nicht können: Er **kann nicht** zu den besonders Begabten gehören.	
Etwas ist sehr wahrscheinlich.	***dürfen*** (nur Konjunktiv II): Jonas **dürfte** zu den hochbegabten Kindern gehören.	Aller Wahrscheinlichkeit nach … Wahrscheinlich/Vermutlich … Ich vermute / nehme an, dass … Ich bin ziemlich sicher, dass … Es sieht so aus, als ob …
	können: Jonas **kann** hochbegabt sein.	
niedrig / **Etwas ist möglich.**	***können*** (nur Konjunktiv II): Die Eltern **könnten** durchaus recht haben.	Es ist möglich/denkbar / nicht ausgeschlossen, dass … Vielleicht/Möglicherweise/Eventuell/ Angeblich … Es besteht die Möglichkeit, dass … … lässt darauf schließen, dass … … lässt vermuten, dass …

9 **Behauptungen. Welches Modalverb passt? Kreuzen Sie an.**

1. ○ Das Geologie-Seminar ☐ will ☐ soll von dem berühmten Wissenschaftler Leo Ringmeier gehalten werden. Das habe ich irgendwo gelesen.
2. ● Ja, ich weiß. Er ☐ will ☐ soll einer der besten auf seinem Fachgebiet sein. Das erzählt er zumindest immer.
3. ○ Und er ☐ will ☐ soll viele Jahre an einer amerikanischen Universität gelehrt haben. Das hat mir die Sekretärin vom Fachbereich gesagt.
4. ● Echt? Ach ja, und außerdem ☐ will ☐ soll seine Frau auch in der Forschung tätig sein. Das habe ich von Professor Miller gehört.
5. ○ Stimmt, Leo Ringmeier und Professor Miller ☐ wollen ☐ sollen ja gut befreundet sein, heißt es.
6. ● Ja, Miller ☐ will ☐ soll dem Ringmeier schon bei unzähligen Studien geholfen haben. Das behauptet er jedenfalls.
7. ○ Aber die Vorlesungen und Seminare von Ringmeier ☐ wollen ☐ sollen ja immer sehr interessant sein, hat irgendjemand gesagt. Na ja, wir werden sehen …

10 **Vermutungen. Wie sicher ist das? Kreuzen Sie an.**

	sicher	sehr wahrscheinlich	möglich
1. Die Probleme des Kindes können nicht nur an der Schule liegen.	☐	☐	☐
2. Das Kind muss hochbegabt sein.	☐	☐	☐
3. Die Untersuchungen dürften das belegen.	☐	☐	☐
4. Das Kind könnte aber auch ein anderes Problem haben.	☐	☐	☐

11 **Welche Umschreibung passt wo? Formulieren Sie die Sätze aus Aufgabe 10 um.**

> Vermutlich …
> Alles deutet darauf hin, dass …
> Es ist aber auch denkbar, dass …
> Alle Anzeichen sprechen dafür, dass …

Bildung subjektive und objektive Modalverben
C1K8M1

Im Präsens Aktiv und Passiv unterscheiden sich die objektive und die subjektive Form nicht. Der Kontext entscheidet, welche Form gemeint ist:
objektiv: *Der Kranke soll Suppe essen.*
subjektiv: *Der Arzt soll sehr gut sein.*

In der Vergangenheit wird in der objektiven Form das Hilfsverb *haben* konjugiert, in der subjektiven Form das Modalverb.
objektiv: *Der Kranke hat Suppe essen sollen.*
subjektiv: *Der Arzt soll sehr gut gewesen sein.*

		objektiv	**subjektiv**
Aktiv	**Gegenwart**	Modalverb + Infinitiv	
	Vergangenheit	*haben* + Infinitiv + Infinitiv Modalverb*	Modalverb + Partizip II + *haben/sein*
Passiv	**Gegenwart**	Modalverb + Partizip II + *werden*	
	Vergangenheit	*haben* + Partizip II + *werden* + Infinitiv Modalverb	Modalverb + Partizip II + *worden sein*

* Meistens wird das Präteritum verwendet: *Er sollte weniger essen.*

12 **Ergänzen Sie die Behauptungen und Vermutungen im Perfekt. Achten Sie auf die Aktiv- und Passivform.**

1. Der Wissenschaftler versichert, dass er den Text allein geschrieben hat.

   Der Wissenschaftler _____ den Text allein _____ _____.

2. Es kann aber auch sein, dass er aus anderen Publikationen abgeschrieben hat.

   Er _____ aber auch aus anderen Publikationen _____ _____.

3. Die Uni-Leitung ist sicher, dass einige Abschnitte kopiert wurden.

   Einige Abschnitte _____ _____ _____ _____.

4. Auf der Uni-Homepage steht, dass bereits Untersuchungen eingeleitet wurden.

   Es _____ bereits Untersuchungen _____ _____ _____.

5. Man sagt, dass die Universität seinen Vertrag gekündigt hat.

   Die Universität _____ seinen Vertrag _____ _____.

6. Der Wissenschaftler behauptet, dass er für seine Arbeit bereits mehrfach ausgezeichnet wurde.

   Der Wissenschaftler _____ für seine Arbeit bereits mehrfach _____ _____ _____.

Konjunktiv II
B1+K8M3/B2K6M3/C1K7M1

Funktionen

Wünsche ausdrücken	*Ich würde gern einen neuen Laptop kaufen.*
Bitten höflich ausdrücken	*Könnten Sie mir das Problem bitte genau beschreiben?*
Irreales ausdrücken	Wunsch: *Hätten Sie die Ware doch früher abgeschickt.* Bedingung: *Wenn die Ware nicht kaputt wäre, hätte ich jetzt kein Problem.* Vergleich: *Das Gerät sieht so aus, als ob es nicht funktionieren würde.*
Vermutungen ausdrücken	*Es könnte sein, dass der Laptop einen Defekt hat.*
Vorschläge machen	*Ich könnte Ihnen ein Leihgerät anbieten.*

Verb

Bildung

	Konjunktiv II Gegenwart					
Aktiv	würde + Infinitiv *sie würde anrufen*	wäre hätte	sollte wollte	müsste könnte	dürfte bräuchte	wüsste
Passiv	Modalverb + Partizip II + *werden* *sie könnte angerufen werden*					

Unregelmäßige Verben können den Konjunktiv II wie die Modalverben bilden, meistens verwendet man jedoch die Umschreibung mit *würde* + Infinitiv: Ich **käme** gern zu euch. → Ich **würde** gern zu euch **kommen**.

	Konjunktiv II Vergangenheit	Konjunktiv II Vergangenheit mit Modalverb
Aktiv	hätte/wäre + Partizip II *sie hätte angerufen*	hätte + Infinitiv + Modalverb *sie hätte anrufen müssen*
Passiv	wäre + Partizip II + *worden* *sie wäre angerufen worden*	hätte + Partizip II + *werden* + Modalverb *sie hätte angerufen werden können*

▶ B1plus **13** **Wovon träumt Flo? Schreiben Sie Sätze im Konjunktiv II.**

1. Er würde jetzt gern …

▶ B1plus **14** **Kurze Gespräche. Ergänzen Sie die Verben im Konjunktiv II.**

> sollen   brauchen   sein   wissen   werden   können   müssen

1. ○ Kommst du am Freitag auch zum Geburtstag von Alex?   ● Ich _____ kommen, wenn ich _____. Ich muss aber leider arbeiten.

2. ○ Ich _____ mal deine Hilfe. Hast du kurz Zeit?   ● Klar, einen Moment.

3. ○ Ich bin so müde!   ● Du _____ wirklich mal früher ins Bett gehen.

4. ○ Wie lange musst du denn heute arbeiten?   ● Wenn ich das _____!

5. ○ Ach, ich _____ jetzt gern irgendwo am Strand.   ● Oh ja, ich auch!

6. ○ Weißt du, wie dieses Gerät funktioniert?   ● Frag doch mal Karl. Der _____ das wissen!

▶ B1plus **15** **Schatz, wo warst du denn? Schreiben Sie irreale wenn-Sätze.**

1. Ich hatte leider keine Zeit. Deshalb habe ich dich nicht angerufen.
2. Mein Handy-Akku war leer. Deshalb habe ich dir keine Nachricht geschickt.
3. Ich stand im Stau. Deshalb bin ich zu spät gekommen.
4. Ich habe meinen Geldbeutel vergessen. Deshalb habe ich nicht eingekauft.
5. Ich habe so lange gearbeitet. Deshalb konnte ich nicht früher nach Hause gehen.

1. Wenn ich Zeit gehabt hätte, hätte ich dich angerufen.

Konjunktiv I – Redewiedergabe

In der indirekten Rede verwendet man den Konjunktiv I, um deutlich zu machen, dass man die Worte eines anderen wiedergibt und nicht seine eigene Meinung ausdrückt. Sie wird vor allem in der Wissenschaftssprache, in Zeitungsartikeln und in Nachrichtensendungen verwendet.
In der gesprochenen Sprache benutzt man in der indirekten Rede häufig den Indikativ.

	sein	*haben*	Modalverben	andere Verben
ich	sei	habe → hätte	könne	sehe → würde sehen
du*	sei(e)st	habest	könnest	sehest
er/es/sie	sei	habe	könne	sehe
wir	seien	haben → hätten	können → könnten	sehen → würden sehen
ihr*	sei(e)t	habet	könnet	sehet
sie/Sie	seien	haben → hätten	können → könnten	sehen → würden sehen

* Die Formen in der 2. Person sind sehr ungebräuchlich. Hier wird meist der Konjunktiv II verwendet.

Der Konjunktiv I wird meist in der 3. Person verwendet. Sind die Formen von Konjunktiv I und Indikativ identisch, verwendet man den Konjunktiv II oder *würde* + Infinitiv:
*Er sagt, sie **haben** keine Zeit.* → *Er sagt, sie **hätten** keine Zeit.*

Bildung des Konjunktiv I der Vergangenheit
Im Konjunktiv I gibt es nur eine Vergangenheitsform: Konjunktiv I von *haben/sein* + Partizip II:
*Man sagt, Gutenberg **habe** den Buchdruck **erfunden** und mit 40 Jahren **sei** man im Mittelalter sehr alt **gewesen**.*

16 **Interview mit dem Bürgermeister. Ergänzen Sie die Aussagen im Konjunktiv I. Verwenden Sie bei Formengleichheit mit dem Infinitiv den Konjunktiv II.**

In dem Interview, das der Bürgermeister gestern gab, betonte er, dass er nicht amtsmüde (1) _____ (sein) und auch bei der nächsten Wahl kandidieren (2) _____ (wollen). Zu möglichen Koalitionspartnern sagte er, dass er sich auch ein ganz neues Bündnis vorstellen (3) _____ (können). Diese Gespräche (4) _____ (müssen) aber nach der Wahl geführt werden. Wichtig (5) _____ (sein) jetzt, dass man ein klares Programm (6) _____ (vorstellen), an dem sich die Bürger orientieren (7) _____ (können). Er (8) _____ (haben) in der Vergangenheit oft den Kontakt zu den Menschen gesucht, weil er ihre Sorgen und Wünsche verstehen (9) _____ (wollen). Auch mit jungen Leuten (10) _____ (haben) er gesprochen, denn diese (11) _____ (haben) oft ganz andere Probleme. Politiker (12) _____ (sollen) auf die Menschen zugehen, weil diese oft nicht (13) _____ (wissen), an wen sie sich mit ihren Sorgen wenden (14) _____ (sollen). Am Ende sagte er, er (15) _____ (sein) zuversichtlich, dass er auch die nächste Wahl (16) _____ (gewinnen).

Verb

Weitere Möglichkeiten der Redewiedergabe

Präpositionen mit Dativ

vorangestellt	nachgestellt	
laut		*Laut der Autorin …*
nach	nach	*Nach Angabe von …* *Ihrer Meinung nach …*
	zufolge	*Dem zweiten Text zufolge …*

Nebensätze mit *wie*

***Wie** Kerstin Cuhls berichtet, wird durch moderne Kommunikationsmittel vieles möglich.*
***Wie** im rechten Text beschrieben wird, braucht der Mensch auch Auszeiten.*
***Wie** es im ersten Text heißt, ist der ständige Zugriff auf Daten ein großer Vorteil.*

17 **Ständige Erreichbarkeit. Geben Sie die Aussagen wieder. Verwenden Sie dabei die in Klammern angegebene Möglichkeit.**

1. Ein renommierter Psychologe: „Ständige Erreichbarkeit bedeutet für viele Menschen Stress." (zufolge)
2. Ein Jugendlicher: „Ich verstehe die Diskussion nicht. Natürlich muss man immer erreichbar sein." (Konjunktiv I / meinen)
3. Einige gestresste Manager: „In vielen Berufen wird erwartet, dass man auch im Urlaub erreichbar ist." (wie / berichten)
4. Die Vorsitzende eines großen Unternehmens: „Es ist wichtig, dass die Angestellten am Wochenende wirklich abschalten und nicht an die Arbeit denken." (laut)
5. Eine besorgte Ärztin: „Für die Gesundheit sind Zeiten der Ruhe und Erholung wichtig." (wie / erklären)
6. Ein Bericht in der Zeitung: „Die Zahl der Krankmeldungen nimmt aufgrund der ständigen Erreichbarkeit in einigen Branchen stetig zu." (nach)

Passiv mit *werden* – Vorgangspassiv

Man verwendet das Passiv mit *werden*, wenn ein Vorgang oder eine Aktion im Vordergrund stehen (und nicht eine handelnde Person).

Aktivsatz	Passivsatz
Der Architekt plant das Öko-Haus. Nominativ Akkusativ	*Das Öko-Haus wird (vom Architekten) geplant.* Nominativ (*von* + Dativ)

Die meisten Verben mit Akkusativ können das Passiv bilden. Der Akkusativ im Aktivsatz wird im Passivsatz zum Nominativ. Andere Ergänzungen bleiben im Aktiv und im Passiv im gleichen Kasus.

Zu viel Müll schadet der Umwelt. Nominativ Dativ	*Der Umwelt wird geschadet.* Dativ

Tempusformen

Präsens	*werde/wirst/wird/…* + Partizip II	*Das Öko-Haus wird geplant.*
Präteritum	*wurde/wurdest/wurde/…* + Partizip II	*Das Öko-Haus wurde geplant.*
Perfekt	*bin/bist/ist/…* + Partizip II + *worden*	*Das Öko-Haus ist geplant worden.*
Plusquamperfekt	*war/warst/war/…* + Partizip II + *worden*	*Das Öko-Haus war geplant worden.*

Tempusformen mit Modalverb

Präsens	Modalverb im Präsens + Partizip II + *werden*	*Der Umweltskandal kann aufgeklärt werden.*
Präteritum	Modalverb im Präteritum + Partizip II + *werden*	*Der Umweltskandal konnte aufgeklärt werden.*
Perfekt	*haben* + Partizip II + *werden* + Infinitiv Modalverb	*Der Umweltskandal hat aufgeklärt werden können.*

Im Nebensatz steht im Präsens und Präteritum das konjugierte Modalverb wie üblich am Ende:
Der Bürgermeister gab bekannt, dass der Skandal aufgeklärt werden <u>konnte</u>.

Im Perfekt steht das konjugierte Verb vor dem Partizip II:
Die Zeitung schrieb, dass der Skandal <u>hat</u> aufgeklärt werden können.

Um Vergangenheit auszudrücken, wird im Passiv vor allem das Präteritum verwendet.
Im Konjunktiv II der Vergangenheit entspricht die Stellung der Verben dem Passiv Perfekt:
Der Skandal <u>hätte</u> verhindert werden können.
Die Zeitung schrieb, der Skandal <u>hätte</u> verhindert werden können.

▶ B1plus

18 Die grüne Stadt. Antworten Sie im Passiv in der angegebenen Tempusform.

1. Wann hat die Stadt das Umweltzentrum eröffnet? (2016 / Präteritum)

   Das Umweltzentrum wurde 2016 eröffnet.

2. Wann baut die Stadt die Radwege aus? (nächstes Jahr / Präsens)

   _____

3. Wann hat die Stadt das Straßenbahnnetz verbessert? (2014 / Perfekt)

   _____

4. Wie oft testet die Stadt das Trinkwasser? (jedes Jahr / Präsens)

   _____

5. Wer hat die Umwelt-Workshops konzipiert? (das Umweltzentrum / Präteritum)

   _____

6. Wann hat die Stadt die Solaranlagen aufgestellt? (vor zwei Jahren / Perfekt)

   _____

▶ B1plus

19 Im Umweltzentrum. Was muss alles erledigt werden? Formulieren Sie Sätze.

To-do-Liste	
Montag:	die Flyer drucken
Dienstag:	frische Blumen bestellen
Mittwoch:	das aktuelle Programm online stellen
Donnerstag:	die Mitgliederliste aktualisieren
Freitag:	alle Mitglieder zur Café-Eröffnung einladen
Samstag:	die Blumen pflanzen
Sonntag:	das neue Café eröffnen

Am Montag müssen die Flyer gedruckt werden.

_____

_____

_____

_____

_____

_____

Verb

▶ C1 **20 Was haben Sie denn den ganzen Tag gemacht?
Schreiben Sie Sätze wie im Beispiel.**

1. Der Bericht wurde nicht geschrieben.

   Aber er hätte geschrieben werden müssen.

2. Die Präsentation wurde nicht überarbeitet.

   _____

3. Der Termin mit der Personalabteilung wurde nicht abgesagt.

   _____

4. Die Einladungen zum Mitarbeiterfest wurden nicht verschickt.

   _____

5. Die Telefonkonferenz wurde nicht vorbereitet.

   _____

6. Die Verträge wurden nicht ausgedruckt.

   _____

▶ C1 **21 Aussagen der Chefin. Formen Sie die Hauptsätze in Nebensätze um. Achten Sie bei den
Tempusformen auf die Wortstellung.**

1. Die Chefin hat gesagt: Die Firma musste umstrukturiert werden.
2. Sie hat erklärt: Die Abteilung hat vergrößert werden müssen.
3. Sie berichtete: Neue Kunden konnten gewonnen werden.
4. Sie bedauerte: Einige Verträge haben nicht verlängert werden können.
5. Sie mahnte: Viele Projekte hätten schneller abgeschlossen werden müssen.

1. Die Chefin hat gesagt, dass die Firma umstrukturiert werden musste.

Unpersönliches Passiv   C1K7M1

In Passivsätzen ohne Subjekt steht das Pronomen *es* als stellvertretendes Subjekt auf Position 1. Wenn möglich,
wird *es* durch ein anderes Satzglied ersetzt.
Es wurde viel diskutiert.   → *Nach der Präsentation wurde viel diskutiert.*
Es wurde auch gestritten.   → *Über einige Vorschläge wurde auch gestritten.*

es steht nur im Hauptsatz, nicht im Nebensatz.
Es wurde viel diskutiert.   → *Der Kollege sagt, dass viel diskutiert wurde.*

22 Was wird im Büro alles gemacht? Schreiben Sie Sätze wie im Beispiel.

1. über Konzepte diskutieren: *Es wird über Konzepte diskutiert.* _____

2. über neue Strategien nachdenken: _____

3. Geschäftspartner kontaktieren: _____

4. mit Kunden verhandeln: _____

5. an Projekten arbeiten: _____

6. Probleme besprechen: _____

23 Formen Sie die Sätze aus Aufgabe 22 so um, dass *es* entfällt.

1. Über neue Konzepte wird diskutiert.

Passiversatzformen

Passiv   *Die Regeln können leicht erklärt werden.*
Passiv mit *müssen/können/sollen* → *sein* + *zu* + Infinitiv   *Die Regeln <u>sind</u> leicht <u>zu erklären</u>.*
Passiv mit *können* → *sich lassen* + Infinitiv   *Die Regeln <u>lassen sich</u> leicht <u>erklären</u>.*
Passiv mit *können* → *sein* + Adjektiv mit Endung *-bar/-lich*   *Die Regeln <u>sind</u> leicht <u>erklärbar</u>.*   *Die Regeln <u>sind</u> für alle <u>verständlich</u>.*

24 **Konflikte im Büro. Formen Sie die Sätze mit den Passiversatzformen in Klammern um.**

1. Viele Streitsituationen im Büro können vermieden werden. (*sich lassen* + Infinitiv)

   _____

2. Manche Äußerungen können leicht missverstanden werden. (*sein* + Adjektiv mit Endung *-lich*)

   _____

3. Mit einem offenen Gespräch können viele Konflikte schnell beseitigt werden. (*sein* + *zu* + Infinitiv)

   _____

4. Natürlich können nicht alle Probleme sofort gelöst werden. (*sein* + Adjektiv mit Endung *-bar*)

   _____

5. Bestimmte Gesprächsregeln müssen auch in heftigen Diskussionen beachtet werden. (*sein* + *zu* + Infinitiv)

   _____

6. Doch nicht alle Konfliktmanagement-Strategien können immer umgesetzt werden. (*sein* + Adjektiv mit Endung *-bar*)

   _____

Passiv mit *sein* – Zustandspassiv

Das Passiv mit *sein* beschreibt einen neuen Zustand / das Resultat einer Handlung.

	Vorgangspassiv: *werden* + Partizip II	**Zustandspassiv:** *sein* + Partizip II
Präsens	*Die Ware **wird** verschickt.*	*Die Ware **ist** verschickt.*
Präteritum	*Die Ware **wurde** verschickt.*	*Die Ware **war** verschickt.*

25 **Alles schon fertig! Schreiben Sie die Antworten im Zustandspassiv.**

1. Wir müssen noch das Essen für das Mitarbeiterfest bestellen.
2. Aber die Plakate müssen noch aufgehängt werden.
3. Du musst noch die Getränke kaufen.
4. Aber die Räume müssen noch dekoriert werden.
5. Ich muss noch die Musik aussuchen.
6. Die Bühne muss aber noch aufgebaut werden.

1. Das Essen ist schon bestellt.

Verb

Infinitiv mit und ohne *zu*

Infinitiv ohne *zu* nach:	Infinitiv mit *zu* nach:
1. Modalverben: *Er muss arbeiten.* 2. *werden* (Futur I): *Ich werde das Buch lesen.* 3. bleiben: *Wir bleiben im Bus sitzen.* 4. lassen: *Er lässt seine Tasche liegen.* 5. hören: *Sie hört ihn rufen.* 6. sehen: *Ich sehe das Auto losfahren.* 7. gehen: *Wir gehen baden.*	1. einem Nomen + Verb: *den Wunsch haben, die Möglichkeit haben, die Absicht haben, die Hoffnung haben, Lust haben, Zeit haben, Spaß machen …* → *Er hat den Wunsch, Medizin <u>zu</u> studieren.* 2. einem Verb: *anfangen, aufhören, beginnen, beabsichtigen, empfehlen, bitten, erlauben, gestatten, raten, verbieten, vorhaben, sich freuen …* → *Wir haben vor, die Prüfung <u>zu</u> machen.* 3. *sein* + Adjektiv: *wichtig, notwendig, schlecht, gut, richtig, falsch …* → *Es ist wichtig, regelmäßig Sport <u>zu</u> treiben.*

Nach manchen Verben können Infinitive mit und ohne *zu* folgen:
lernen: *Hans lernt Auto fahren.*   *Hans lernt, Auto <u>zu</u> fahren.*
helfen: *Ich helfe dir das Auto reparieren.*   *Ich helfe dir, das Auto <u>zu</u> reparieren.*

26 **Lernen, lernen, lernen. Was ist korrekt? Kreuzen Sie an.**

1. Ich habe leider keine Zeit,
   - a das Buch lesen.
   - b das Buch zu lesen.
2. Es ist wichtig,
   - a neue Wörter oft wiederholen.
   - b neue Wörter oft zu wiederholen.
3. Wir werden uns zusammen
   - a auf die Prüfung vorbereiten.
   - b auf die Prüfung vorzubereiten.
4. Wir bleiben
   - a jetzt einfach hier sitzen und warten.
   - b jetzt einfach hier zu sitzen und zu warten.
5. Nächste Woche beginne ich,
   - a für den Test lernen.
   - b für den Test zu lernen.

6. Wir gehen
   - a nach dem Kurs noch Kaffee trinken.
   - b nach dem Kurs noch Kaffee zu trinken.
7. Du musst
   - a mir noch einmal die Regeln erklären.
   - b mir noch einmal die Regeln zu erklären.
8. Ich kann dir nur raten,
   - a rechtzeitig mit dem Lernen beginnen.
   - b rechtzeitig mit dem Lernen zu beginnen.
9. Macht es dir Spaß,
   - a an einem Sprachkurs teilnehmen?
   - b an einem Sprachkurs teilzunehmen?
10. Lass mich
    - a doch mal in Ruhe lernen.
    - b doch mal in Ruhe zu lernen.

27 **Eine Sprache lernen. Formen Sie Infinitivsätze wie im Beispiel.**

1. Es ist wichtig, dass man die unregelmäßigen Verben wiederholt.
2. Man sollte keine Angst davor haben, dass man Fehler macht.
3. Man sollte sich vornehmen, dass man täglich fünf neue Wörter lernt.
4. Es ist notwendig, dass man auch Texte in der fremden Sprache schreibt.
5. Ratsam ist außerdem, dass man regelmäßig die Grammatik übt.
6. Ebenfalls macht es Sinn, dass man die neue Sprache so viel wie möglich spricht.

1. Es ist wichtig, die unregelmäßigen Verben zu wiederholen.

Modalitätsverben

Modalitätsverb + *zu* + Infinitiv	Beispielsatz	Umschreibung	Bedeutung (je nach Kontext)
sein*	Das Missverständnis **ist** schnell auf**zu**klären.	Das Missverständnis kann schnell aufgeklärt werden.	können
	Das Problem **ist** unbedingt **zu** lösen.	Das Problem muss unbedingt gelöst werden.	müssen
	Das Risiko **ist** nicht **zu** unter-schätzen.	Das Risiko darf nicht unter-schätzt werden.	nicht dürfen
haben*	Er **hat** was gut**zu**machen.	Er muss was gutmachen.	müssen
	Du **hast** hier nichts **zu** kritisieren.	Du darfst hier nichts kritisieren.	nicht dürfen
nicht brauchen	Er **braucht** gar **nicht** nett **zu** lächeln.	Er soll gar nicht nett lächeln.	nicht sollen
	Du **brauchst** dich **nicht** zu entschuldigen.	Du musst dich nicht entschul-digen.	nicht müssen
scheinen	Es **scheint** sich um eine Ver-wechslung **zu** handeln.	Anscheinend handelt es sich um eine Verwechslung.	anscheinend, scheinbar
drohen	Unsere Freundschaft **droht** kaputt**zu**gehen.	Unsere Freundschaft ist in Gefahr kaputtzugehen.	in Gefahr sein, Gefahr laufen
verstehen/ wissen	Er **versteht/weiß** mich zum Lachen **zu** bringen.	Er kann mich zum Lachen bringen.	können

* Sätze mit dem Modalitätsverb *sein* werden mit einem Passivsatz (oder einer Passiv-Ersatzform) umschrieben, Sätze mit dem Modalitätsverb *haben* mit einem Aktivsatz.

28 **Welche Sätze haben die gleiche Bedeutung? Verbinden Sie.**

1. Die Hausaufgaben sind zu machen.

   A Die Hausaufgaben müssen gemacht werden.
   B Die Hausaufgaben dürfen gemacht werden.

2. Du brauchst mir nicht zu helfen.

   A Du kannst mir nicht helfen.
   B Du musst mir nicht helfen.

3. Wir haben die Fragen zu beantworten.

   A Wir können die Fragen beantworten.
   B Wir müssen die Fragen beantworten.

4. Der Lehrer weiß den Stoff gut zu vermitteln.

   A Er kann den Stoff gut vermitteln.
   B Er muss den Stoff gut vermitteln.

5. Einige Studenten drohen durchzufallen.

   A Einige Studenten müssen durchfallen.
   B Einige Studenten laufen Gefahr durchzufallen.

29 **Stress in der Arbeit. Formulieren Sie die unterstrichenen Satzteile mithilfe von Modalitätsverben um.**

1. ○ Na, was macht dein Projekt?
   ● Die Finanzierung ist immer noch nicht geklärt und jetzt ist das Projekt in Gefahr zu scheitern.
2. ○ Und was sagt dein Chef?
   ● Nicht viel. Anscheinend ist auch die Geschäftsführung nicht ganz von dem Projekt überzeugt.
3. ○ Aber dann musst du noch einmal mit ihm sprechen!
   ● Das bringt nichts. Ich darf ja sowieso nichts entscheiden.
4. ○ Mensch, das tut mir leid.
   ● Das muss dir nicht leidtun. Ich arbeite schon wieder an einem neuen Projekt.

Verb

Arten	Beispielsätze	weitere Verben
Manche Verben sind immer reflexiv.	*Ich habe mich entschlossen, wieder zu arbeiten.* *Er hat sich sofort in sie verliebt.*	*sich entschließen, sich verlieben, sich beschweren, sich kümmern, sich beeilen …*
Manche Verben können reflexiv sein oder mit einer Akkusativergänzung stehen.	*Ich verstehe mich gut mit Peter.* *Ich verstehe diesen Mann einfach nicht.*	*(sich) verstehen, (sich) ärgern, (sich) treffen, (sich) unterhalten, (sich) fühlen …*
Reflexivpronomen stehen normalerweise im Akkusativ. Gibt es eine Akkusativergänzung, steht das Reflexivpronomen im Dativ.	*Ich ziehe mich an.* *Ich ziehe mir den Mantel an.*	*sich anziehen, sich waschen, sich kämmen …*
Bei manchen Verben steht das Reflexivpronomen immer im Dativ. Diese Verben brauchen immer eine Akkusativergänzung.	*Ich wünsche mir mehr Zeit.* *Merk dir dieses Datum!*	*sich etwas wünschen, sich etwas merken, sich etwas vorstellen, sich etwas denken …*

Reflexivpronomen

Personal- pronomen	Reflexivpronomen im Akkusativ	im Dativ
ich	mich	mir
du	dich	dir
er/es/sie	sich	

Personal- pronomen	Reflexivpronomen im Akkusativ und im Dativ
wir	uns
ihr	euch
sie/Sie	sich

30 So viele Befehle am Morgen! Welches Reflexivpronomen passt? Markieren Sie.

1. Zuerst gehst du ins Bad und wäschst *dich / dir.*

7. Mann, wie soll ich *mich / mir* das alles merken?

4. Kämm *dich / dir* auch!

2. Putz *dich / dir* auch gleich die Zähne.

5. Und dann zieh *dich / dir* an.

3. Und vergiss nicht, *dich / dir* das Gesicht einzucremen.

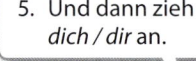
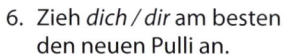

6. Zieh *dich / dir* am besten den neuen Pulli an.

31 Eine große Liebe. Ergänzen Sie die Reflexivpronomen.

Klaas und ich haben (1) _____ vor ein paar Jahren während des Studiums kennengelernt. Wir haben

(2) _____ sofort super verstanden. Er ist mein bester Freund und ich kann (3) _____ einfach immer auf

ihn verlassen. Verliebt habe ich (4) _____ nicht sofort in ihn, das kam erst mit der Zeit. Ehrlich gesagt habe

ich erst gemerkt, dass Klaas mir mehr bedeutet, als er (5) _____ mit anderen Frauen verabredet hat.

Mittlerweile sind wir verheiratet und sehr glücklich. Natürlich streiten wir (6) _____ manchmal, aber

wir versöhnen (7) _____ auch schnell wieder. Klaas kümmert (8) _____ auch super um unsere Tochter.

Ich kann (9) _____ gar nicht vorstellen, dass wir (10) _____ jemals trennen. Im Moment fühle ich

(11) _____ einfach sehr wohl und wünsche (12) _____, dass alles so bleibt, wie es ist.

Verben und Ergänzungen

Das Verb bestimmt, wie viele Ergänzungen in einem Satz stehen müssen und welchen Kasus sie haben.

Verb + Nominativ	*Der Mann ist ein Held.*
Verb + Akkusativ	*Er rettete einen vierjährigen Jungen.*
Verb + Dativ	*Ich helfe kranken und behinderten Reisenden.*
Verb + Dativ + Akkusativ	*Ich erkläre ihnen ihre weitere Reiseverbindung.*
Verb + Präposition + Akkusativ	*Die Leute freuen sich über meine Hilfe.*
Verb + Präposition + Dativ	*Ich beginne oft mit ein paar freundlichen Fragen.*

Die Reihenfolge der Objekte im Satz ist von der Wortart der Objekte abhängig:

Die Objekte sind:	Beispiele	Reihenfolge
Nomen	*Ich erkläre den Reisenden ihre Verbindung.*	erst Dativ, dann Akkusativ
Nomen und Pronomen	*Ich erkläre ihnen ihre Verbindung.* *Ich erkläre sie den Reisenden.*	erst Pronomen, dann Nomen
Pronomen	*Ich erkläre sie ihnen.*	erst Akkusativ, dann Dativ

32 **Lesen Sie den Bericht und ergänzen Sie die bestimmten und unbestimmten Artikel in der richtigen Form.**

Helden des Alltags – Rettung in letzter Minute

Es ist (1) _____ heißer Tag im Juli. Milan K. und Ahmed L. sind auf dem Weg zur Schule, als (2) _____ Unglück passiert. Sie warten gerade auf (3) _____ nächste S-Bahn, als sie sehen, wie Maja B. über die Bahnsteig-
5 kante auf die Gleise fällt. Sie rennen sofort los, um (4) _____ Mädchen zu helfen. (5) _____ junge Frau liegt blutend auf dem Gleis und bewegt sich nicht. Die beiden werfen (6) _____ Blick auf die Anzeigetafel: (7) _____ nächste Zug kommt in fünf Minuten.
10 Mutig springen (8) _____ beiden jungen Männer auf (9) _____ Gleise. Doch (10) _____ Rettung gestaltet sich schwieriger als gedacht. Es gelingt (11) _____ Jungen zunächst nicht, (12) _____ Verletzte in Sicherheit zu bringen. (13) _____ Bahnsteig ist einfach zu hoch. Erst
15 als andere Wartende von oben helfen, schaffen sie es, (14) _____ bewusstlose Mädchen nach oben zu ziehen – gerade noch rechtzeitig. Als (15) _____ nächste S-Bahn schon einfährt, kommt (16) _____ verletzte Maja B. wieder zu sich. An (17) _____ Geschehene kann sie sich

20 bis heute nicht erinnern, aber sie ist (18) _____ Rettern, die für sie (19) _____ eigene Leben riskiert haben, unendlich dankbar. „Sie haben mich vor (20) _____ sicheren Tod gerettet. Das werde ich nie vergessen!", sagt Maja B., die sich noch nicht ganz von (21) _____ Rettungs-
25 aktion erholt hat. Zum Dank hat sie (22) _____ Jungen (23) _____ Restaurant-Gutschein geschenkt. „Ich möchte, dass sich Milan und Ahmed (24) _____ schönen Abend mit Freunden machen können." Daran, dass sich (25) _____ Retter mit (26) _____ Einsatz selbst
30 in große Gefahr gebracht haben, haben Milan und Ahmed nicht gedacht. „Wenn man so (27) _____ Vorfall beobachtet, muss man einfach eingreifen. Schließlich kann das jedem passieren und dann möchte man ja auch, dass (28) _____ Leute nicht wegsehen, sondern han-
35 deln.", so der 18-jährige Milan K. und Ahmed L. stimmt (29) _____ Freund sofort zu. Die beiden wollen jetzt sogar an (30) _____ Erste-Hilfe-Kurs teilnehmen, um in Zukunft noch besser helfen zu können.

33 Ein Unfall auf der Autobahn. Antworten Sie mithilfe von Pronomen.

1. ○ Kannst du dem Mann bitte unseren Verbandkasten bringen?

   ● *Ich habe ihn ihm schon gebracht.*

2. ○ Zeig dem Sanitäter bitte die Wunde.

   ● _____

3. ○ Erklär mir doch noch mal den Unfallhergang.

   ● _____

4. ○ Erzähl den Polizisten bitte die ganze Geschichte.

   ● _____

5. ○ Gib der Polizei am besten deine Adresse.

   ● _____

Verben mit Präpositionen   B1+K6M3

Viele Verben stehen mit einer oder mehreren Präpositionen. Bei Verben mit Präpositionen bestimmt die Präposition den Kasus der Ergänzungen.

diskutieren **über** + Akk.	Wir diskutieren **über** die neuen Arbeitszeiten.
diskutieren **mit** + Dat.	Wir diskutieren **mit** unserem Chef.
diskutieren **mit** + Dat. **über** + Akk.	Wir diskutieren **mit** unserem Chef **über** die neuen Arbeitszeiten.

34 Welche Präposition passt? Kreuzen Sie an.

Tipps für den ersten Tag im neuen Job

Sie haben sich __1__ eine neue Stelle beworben und sie auch bekommen? Glückwunsch! Aber Sie sind auch nervös, weil Sie die Kollegen und Abläufe noch nicht kennen, aber gleich einen positiven Eindruck machen
5 wollen? Zuallererst sollten Sie sich __2__ die neue Herausforderung freuen. Wichtig ist auch, dass Sie nicht immer alles __3__ Ihrer alten Firma vergleichen.
Die ersten Tage sind immer schwierig. Damit Sie einen guten Start haben, sollten Sie __4__ sorgen, dass Sie den
10 Weg zur neuen Arbeitsstelle gut kennen, sodass Sie pünktlich und entspannt dort ankommen. Achten Sie am Anfang __5__ eher zurückhaltende Kleidung. Denken Sie auch __6__ ein Notizbuch, in dem Sie sich sofort alles über die neue Firma notieren: Namen, Positionen,
15 Aufgaben, Anmerkungen.
Besonders am Anfang ist es wichtig, freundlich auf andere zuzugehen. Stellen Sie sich vor, aber sprechen Sie nicht zu viel __7__ sich selbst. Unterhalten Sie sich __8__ so vielen Kollegen aus Ihrer Abteilung wie möglich,
20 wechseln Sie dabei ein paar unverfängliche Sätze, aber halten Sie die anderen nicht unnötig __9__ der Arbeit ab. Schließen Sie sich an, wenn die Kollegen gemeinsam

zum Mittagessen gehen. Bleiben Sie zunächst beim Small Talk. Beteiligen Sie sich auf keinen Fall __10__,
25 wenn __11__ jemanden aus der Firma schlecht geredet wird. Beobachten Sie die sozialen Strukturen und halten Sie sich in den ersten Wochen und Monaten mit Kritik an Abläufen oder Organisation zurück.
Wenn Sie aber unsicher sind, __12__ genau Ihre Aufga-
30 ben bestehen, wenden Sie sich schnell __13__ Ihre Vorgesetzten und Kollegen. Diese werden Sie sicherlich gern __14__ Ihrem Start unterstützen und Sie genauestens __15__ alles informieren.

1.	a an	4.	a dafür	7.	a für	10.	a daran	13.	a an
	b auf		b damit		b mit		b darüber		b in
	c bei		c darauf		c über		c dazu		c zu
2.	a auf	5.	a auf	8.	a bei	11.	a auf	14.	a bei
	b für		b an		b mit		b über		b mit
	c um		c über		c von		c um		c von
3.	a bei	6.	a an	9.	a mit	12.	a wobei	15.	a für
	b mit		b für		b über		b wofür		b über
	c von		c über		c von		c woraus		c von

Trennbare und untrennbare Verben B1+K2M1/C1K1M3

Präfixe	Beispiele
trennbar	**ab**/fahren, **an**/sehen, **auf**/räumen, **aus**/ziehen, **bei**/stehen, **dar**/stellen, **ein**/kaufen, **fest**/stellen, **fort**/setzen, **her**/kommen, **herum**/stehen, **hin**/fallen, **los**/fahren, **mit**/nehmen, **nach**/denken, **rein**/kommen, **vor**/stellen, **vorbei**/kommen, **weg**/laufen, **weiter**/gehen, **zu**/hören
untrennbar	**be**ginnen, **ent**scheiden, **er**zählen, **ge**fallen, **miss**fallen, **ver**stehen, **zer**reißen

In diesen Fällen wird das trennbare Verb nicht getrennt:
- Nebensatz: *Sie sagt, dass sie die Wohnung aufräumt.*
- Verb im Partizip II: *Sie hat die Wohnung aufgeräumt.*
  Die Wohnung wird aufgeräumt.
- Verb im Infinitiv (mit und ohne *zu)*: *Sie hat begonnen, die Wohnung aufzuräumen.*
  Sie möchte die Wohnung aufräumen.

Die Vorsilben *durch-, über-, um-, unter-, wider-* und *wieder-* können trennbar oder untrennbar sein.
Die Betonung der Vorsilbe kann eine Verstehenshilfe sein: • Vorsilbe betont → Verb trennbar
  • Vorsilbe nicht betont → Verb untrennbar

	trennbar	untrennbar	trennbar und untrennbar
durch-	*durchfallen, durchführen, durchhalten, durchkommen, durchmachen, durchsehen*	*durchleben, durchqueren*	*durchbrechen, durchdenken, durchdringen, durchfahren, durchlaufen, durchschauen, durchsetzen*
über-	*überlaufen, übersiedeln, überkochen*	*überblicken, überdenken, überfordern, übergeben, überraschen, überreden, übertreiben*	*übergehen, übersetzen, überstehen, übertreten, überziehen*
um-	*umdenken, umfallen, umkehren, umladen, umsteigen, umstoßen, umtauschen, umziehen*	*umarmen, umgeben, umkreisen, umzäunen*	*umfahren, umfliegen, umgehen, umschreiben, umstellen*
unter-	*unterbringen, untergehen, unterordnen*	*unterbrechen, unterdrücken, unterschätzen, unterscheiden, unterschreiben*	*unterhalten, unterstellen, unterziehen*
wider-	*widerhallen, widerspiegeln*	*widerfahren, widerlegen, sich widersetzen, widersprechen, widerstehen*	✕
wieder-	*wiederfinden, wiederkommen, wiedersehen*	✕	*wiederholen*

Verb

▶ B1plus **35** Wie war dein Tag? Formulieren Sie Sätze im Perfekt.

> *To-do-Liste*
> *1. Wohnung aufräumen*
> *2. Druckerpatronen bestellen*
> *3. im Supermarkt einkaufen*
> *4. die alten Kartons zerreißen*
> *5. Oma anrufen*
> *6. Plastikmüll entsorgen*
> *7. Glasflaschen wegbringen*
> *8. Text für Uni verbessern*

Mein Tag war total anstrengend: Ich habe die Wohnung aufgeräumt. …

▶ C1 **36** Der Firmenumzug. Trennbar oder untrennbar? Bilden Sie Sätze im Präsens.

1. das Land / gerade / durchleben / eine Wirtschaftskrise
2. die schlechten Verkaufszahlen / widerspiegeln / die Wirtschaftskrise
3. unsere Firma / deshalb / durchführen / eine Umstrukturierung
4. wir / umbauen / die ganze Firmenstruktur
5. die Produktion / nächstes Jahr / übersiedeln / nach Asien
6. eine Mitarbeiterin / übersetzen / die Verträge auf Chinesisch
7. zur Sicherheit / umzäunen / die Firma / das ganze Grundstück
8. die Chefin / unterschreiben / einige Kündigungen
9. durch den Stress / die Bedürfnisse der Mitarbeiter / untergehen
10. manche Kollegen / sich widersetzen / den Anordnungen der Geschäftsführung
11. nach Jahren im Ausland / viele Mitarbeiter / wiederkommen / nach Deutschland
12. die Firma / wiederholen / solche Umstrukturierungen / regelmäßig

Nomen-Verb-Verbindungen   B2K4M3

Nomen-Verb-Verbindungen bestehen aus einem Verb, das nur eine grammatische Funktion hat, und einem Nomen, das die Bedeutung trägt. Manchmal kommt eine Präposition dazu. Es gibt zwei Typen:

Typ 1	Das Nomen und das zugrunde liegende Verb haben die gleiche Bedeutung: *jmd. in Aufregung versetzen = jmd. aufregen* *die Flucht ergreifen = fliehen* *eine Wirkung haben = wirken* *den Anfang machen = anfangen* *sich Hoffnungen machen = hoffen*
Typ 2	Die Bedeutung der Nomen-Verb-Verbindung kann man nicht direkt vom Nomen ableiten: *unter Druck stehen = gestresst sein* *eine Rolle spielen = relevant/wichtig sein* *in Betracht kommen = möglich sein* *sich vor etw. in Acht nehmen = vorsichtig sein* *etw. in Frage stellen = etw. bezweifeln*

Nomen-Verb-Verbindungen können eine aktivische oder passivische Bedeutung haben:
Aktiv: *jmd. eine Frage stellen = jmd. fragen*   Passiv: *Beachtung finden = beachtet werden*

37 Was passt zusammen? Ordnen Sie zu.

1. eine Rolle	5. in Schutz	9. Kritik
2. in Betracht	6. Verantwortung	10. auf dem Standpunkt
3. einen Beitrag	7. zur Sprache	11. sich Gedanken
4. eine Frage	8. Ruhe	12. einen Fehler

A bringen	B ziehen	C nehmen
D leisten	E stehen	F machen
G stellen	H begehen	I bewahren
J üben	K spielen	L tragen

38 Gespräche im Büro. Ergänzen Sie die Verben in der richtigen Form.

gehen	wecken	nehmen	führen	aufbringen	geben	nehmen	bringen

1. ○ Wann findet die Besprechung statt?
   - ● Ich weiß es noch nicht, aber ich _____ dir rechtzeitig Bescheid.
2. ○ Wir machen viel zu viele Überstunden.
   - ● Stimmt. Das müssen wir unbedingt im nächsten Meeting mit dem Chef zur Sprache _____.
3. ○ Hast du mal wieder mit Ben gesprochen?
   - ● Nein, ich habe das Gefühl, er _____ mir aus dem Weg.
4. ○ Sag mal, was denkst du eigentlich über Claras Aktion?
   - ● Also, ehrlich gesagt, kann ich für so ein Verhalten kein Verständnis _____.
5. ○ Musst du immer so laut telefonieren? Ich muss arbeiten und kann mich nicht konzentrieren.
   - ● Stimmt, ich könnte wirklich mehr Rücksicht _____.
6. ○ Willst du echt wegziehen?
   - ● Na ja, ich habe so ein gutes Stellenangebot in Stuttgart bekommen. Da _____ ich den Umzug gerne in Kauf.
7. ○ Du, ich war gerade bei dem neuen Kollegen in der Personalabteilung und wir haben echt ein interessantes Gespräch _____.
   - ● Echt? Erzähl mal!
8. ○ Was sagst du zu dem Vortrag von Frau Gellner?
   - ● Na ja, sie wollte ja Interesse für ihr Projekt _____, aber das ist ihr nicht so richtig gelungen.

39 Ersetzen Sie die unterstrichenen Verben durch Nomen-Verb-Verbindungen.

den Entschluss fassen	außer Frage stehen	in Kontakt treten mit	die Absicht haben	zur Auswahl stehen

Mit dem Internet zum Studienabschluss

Allein studieren ohne Vorlesungen und Kommilitonen ist nicht jedermanns Sache. Trotzdem sind Online-Studiengänge beliebt, vor allem bei Menschen, die bereits voll im Beruf stehen. Wer (1) beabsichtigt, sich neben seinem Beruf weiterzuqualifizieren oder sich ein zweites Standbein aufzubauen, ist mit einem Online-Studiengang, bei dem sich Lernzeiten flexibel einteilen lassen, gut beraten. Auch wenn heute verschiedene Programme (2) angeboten werden, funktioniert ein elektronisches Studium in der Regel nach wie vor recht einfach. Die Vorlesungen sieht man als Filme, beantwortet anschließend Fragen dazu und kann bei Problemen (3) einen Tutor kontaktieren. Je nach Anbieter gibt es auch Präsenzzeiten, d. h., man muss für mehrere Wochen im Jahr einen nicht-virtuellen Kurs besuchen. Auch Klausuren werden meist direkt in den Instituten geschrieben. (4) Richtig ist, dass es neben den Vorteilen – wie z. B. zeitliche und örtliche Flexibilität – natürlich auch Nachteile gibt. So erfordert ein Online-Studium ziemlich viel Selbstdisziplin und man fühlt sich manchmal auch recht einsam. Darüber sollte man sich im Klaren sein, bevor man (5) sich entschließt, ein Online-Studium zu absolvieren.

Nomen

Deklination

Singular	Maskulinum		Neutrum	Femininum
Nominativ	der Traum	der Mensch	das Haus	die Unterkunft
Akkusativ	den Traum	den Mensch**en**	das Haus	die Unterkunft
Dativ	dem Traum	dem Mensch**en**	dem Haus	der Unterkunft
Genitiv	des Traum**es**	des Mensch**en**	des Haus**es**	der Unterkunft
Plural				
Nominativ	die Träume	die Menschen	die Häuser	die Unterkünfte
Akkusativ	die Träume	die Menschen	die Häuser	die Unterkünfte
Dativ	den Träume**n***	den Menschen	den Häuser**n***	den Unterkünfte**n***
Genitiv	der Träume	der Menschen	der Häuser	der Unterkünfte

* Im Dativ Plural enden die meisten Nomen auf *-n*. Ausnahme: Nomen, die im Nominativ Plural auf *-s* enden *(Kommt ihr mit den Auto**s**?)*

Zur n-Deklination gehören:
• nur **maskuline** Nomen mit folgenden Endungen:

-e: der Junge, der Name	*-soph*: der Philosoph	*-graf*: der Fotograf	*-ent*: der Student
-and: der Doktorand	*-it*: der Bandit	*-at*: der Soldat	*-loge*: der Psychologe
-ant: der Praktikant	*-ot*: der Pilot, der Chaot	*-ist*: der Polizist, der Artist	*-agoge*: der Pädagoge

• einige **maskuline** Nomen ohne Endung: *der Mensch, der Herr, der Nachbar, der Held, der Bauer …*

Einige Nomen haben im Genitiv Singular die Endung *-ns* (Mischformen): *der Name, des Namens; der Glaube, des Glaubens; der Buchstabe, des Buchstabens; der Wille, des Willens;* **das** *Herz, des Herzens*

40 Der besondere Urlaub. Welche Form ist richtig? Kreuzen Sie an.

1. Die Urlaubsagentur *Magic* ermöglicht ihren ☐ Gäste ☐ Gästen viele tolle Erlebnisse.
2. Wenn Sie trotz des riesigen ☐ Angebots ☐ Angeboten nicht das Passende finden, ist das kein Problem.
3. *Magic* organisiert auf Wunsch für jeden ☐ Kunde ☐ Kunden ein maßgeschneidertes Programm.
4. Man kann zum Beispiel während seines ☐ Urlaubs ☐ Urlauben bei einem ☐ Bauer ☐ Bauern im Stall übernachten und auf dem Hof helfen.
5. Oder wie wäre es, eine Woche ohne viel Komfort im Wald zu leben und dabei kaum einem anderen ☐ Mensch ☐ Menschen zu begegnen?
6. Haben Sie Lust, an einer besonders ausgefallenen ☐ Wandertour ☐ Wandertouren teilzunehmen? *Magic* macht's möglich.
7. Sie können auch eine Kunstreise buchen, bei der Sie von einem ☐ Experte ☐ Experten begleitet werden.
8. Wer möchte, kann auch auf einem ☐ Elefant ☐ Elefanten durch den Dschungel reiten.
9. Man kann sogar mit einer anderen ☐ Person ☐ Personen für zwei Wochen das Leben tauschen.
10. Sie wollen im Urlaub in der Villa eines berühmten ☐ Musiker ☐ Musikers wohnen? Für uns kein Problem.
11. Sogar der Besuch eines ausgefallenen ☐ Kurses ☐ Kursen ist im Angebot.
12. Auf Wunsch kann man zum Beispiel einen dreiwöchigen Kurs bei einem bekannten ☐ Philosoph ☐ Philosophen besuchen.
13. Oder Sie lernen mit einem erfahrenen ☐ Pilot ☐ Piloten fliegen.
14. Jeder ☐ Kunde ☐ Kunden kann sich bei *Magic* den Wunsch seines ☐ Herzen ☐ Herzens erfüllen!

Deklination der nominalisierten Adjektive und Partizipien

B1+K3ABM3

Adjektive und Partizipien können zu Nomen werden. Sie werden aber trotzdem wie Adjektive dekliniert:
*Der Arzt hilft **k**ranken Menschen. – Der Arzt hilft **K**ranken.*

	Maskulinum	Neutrum	Femininum	Plural
Nominativ	der Deutsche / ein Deutscher	das Deutsche	die / eine Deutsche	die Deutschen / – Deutsche
Akkusativ	den / einen Deutschen	das Deutsche	die / eine Deutsche	die Deutschen / – Deutsche
Dativ	dem / einem Deutschen	dem Deutschen	der / einer Deutschen	den / – Deutschen
Genitiv	des / eines Deutschen	des Deutschen	der / einer Deutschen	der Deutschen / – Deutscher

41 Bilden Sie aus den Adjektiven Nomen.

1. angestellt der/die *Angestellte*

2. arbeitslos der/die _____

3. angeklagt der/die _____

4. jugendlich der/die _____

5. verwandt der/die _____

6. verlobt der/die _____

7. reisend der/die _____

8. verletzt der/die _____

42 Zeitungsmeldungen. Setzen Sie die Nomen aus Aufgabe 41 in die Meldungen ein.

A Ein 14-jähriger _____ rammte letztes Wochenende mit dem Wagen seines Vaters auf der Autobahn A8 Richtung München einen Reisebus. Die meisten _____ blieben unverletzt. Es entstand ein Sachschaden von über 40.000 Euro.

B Jackpot geknackt – Großes Glück für einen _____ aus Wanne-Eickel. „Ich habe schon seit fünf Jahren keine Arbeit, aber jetzt ist alles gut", so der 40-Jährige. _____ und Freunde freuen sich mit dem glücklichen Gewinner.

C Ein Brand in der Firma Müller konnte erst heute in den frühen Morgenstunden gelöscht werden. Die Feuerwehr wurde in der Nacht von einem _____ der Firma informiert. Inwieweit der Mann in das Geschehen involviert ist, konnte noch nicht geklärt werden.

D Schwer verletzte Frau im Wald gefunden. Vermutet wird ein Gewaltverbrechen. Die Polizei fahndet nach dem _____ der jungen Frau, der dringend tatverdächtig ist.

E Ein schwerer Unfall ereignete sich gestern in der Innenstadt, als eine 20-Jährige vor eine Straßenbahn lief. Die _____ wurde sofort ins Krankenhaus gebracht und ist mittlerweile außer Lebensgefahr.

F Prozess von Peter B. zu Ende – Da es zu wenige Beweise für die Schuld des _____ gab, wurde Bankräuber Peter B. gestern freigesprochen. Weitere Informationen in Kürze.

Nomen

Pluralbildung

Pluralendung	Welche Nomen?	Beispiel
-(″)	• maskuline Nomen auf *-en/-er/-el* • neutrale Nomen auf *-chen/-lein*	*der Laden – die Läden* *das Mädchen – die Mädchen*
-(e)n	• fast alle femininen Nomen (ca. 96 %) • maskuline Nomen auf *-or* • alle Nomen der n-Deklination	*die Tafel – die Tafeln* *der Konditor – die Konditoren* *der Junge – die Jungen*
-(″)e	• die meisten maskulinen und neutralen Nomen (ca. 70 %)	*der Teil – die Teile* *der Gast – die Gäste*
-(″)er	• einsilbige neutrale Nomen • Nomen auf *-tum*	*das Kind – die Kinder* *der Irrtum – die Irrtümer*
-s	• viele Fremdwörter • Abkürzungen • Nomen mit *-a/-i/-o/-u* im Auslaut	*der Fan – die Fans* *der Lkw – die Lkws* *der Kaugummi – die Kaugummis*

Im Dativ Plural enden die meisten Nomen auf *-n*. Ausnahme: Nomen, die im Plural auf *-s* enden (*Wo sind die Auto**s**? – Kommt ihr mit den Auto**s**?*)

43 Sortieren Sie die Nomen in eine Tabelle und bilden Sie den Plural.

> ~~das Buch~~ das Fenster der Name das Hotel der Mensch das Kind die Band das Kärtchen
> das Fahrrad die Hand der Motor das Kino der Computer das Gesicht
> das Gummibärchen die Zeitung der Stuhl der Kuchen die DVD der Vogel der Ast
> die Tasche der Freund die Vorbereitung das Büro der Kugelschreiber das Bad

-(″)	-(e)n	-(″)e	-(″)er	-s
			das Buch – die Bücher	

44 Ergänzen Sie die Nomen im Plural.

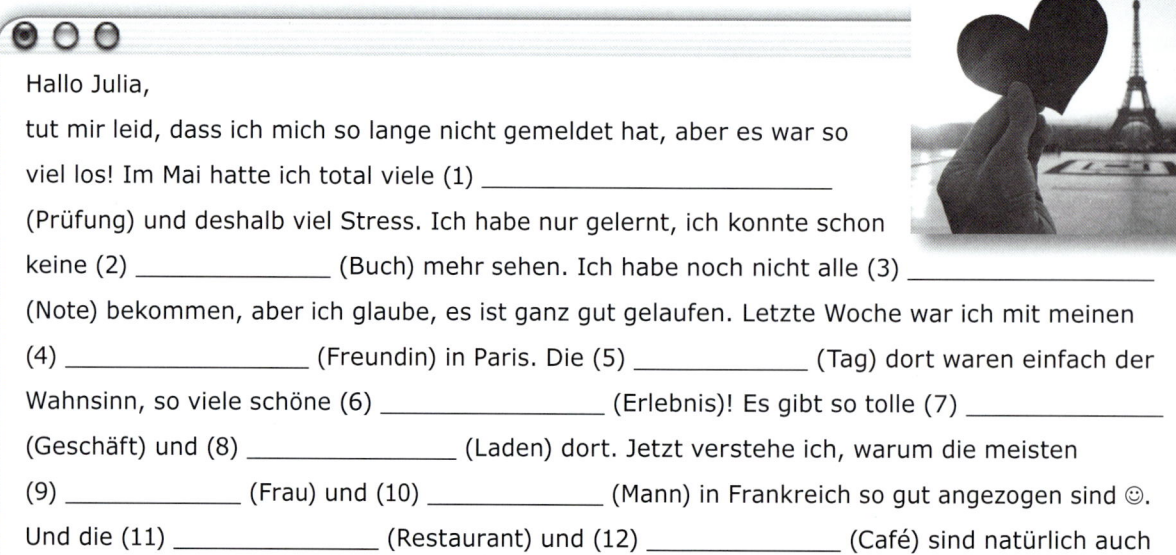

Hallo Julia,

tut mir leid, dass ich mich so lange nicht gemeldet hat, aber es war so

viel los! Im Mai hatte ich total viele (1) _____

(Prüfung) und deshalb viel Stress. Ich habe nur gelernt, ich konnte schon

keine (2) _____ (Buch) mehr sehen. Ich habe noch nicht alle (3) _____

(Note) bekommen, aber ich glaube, es ist ganz gut gelaufen. Letzte Woche war ich mit meinen

(4) _____ (Freundin) in Paris. Die (5) _____ (Tag) dort waren einfach der

Wahnsinn, so viele schöne (6) _____ (Erlebnis)! Es gibt so tolle (7) _____

(Geschäft) und (8) _____ (Laden) dort. Jetzt verstehe ich, warum die meisten

(9) _____ (Frau) und (10) _____ (Mann) in Frankreich so gut angezogen sind ☺.

Und die (11) _____ (Restaurant) und (12) _____ (Café) sind natürlich auch

super! Wir haben auch viele typische französische (13) _____ (Gericht) probiert –
sehr lecker! Ich schicke dir ein paar (14) _____ (Foto). Vielleicht hast du ja Lust, das
nächste Mal mitzukommen!
Liebe (15) _____ (Gruß)
Melli

Nominalisierung von Verben   B2K9M1

Es gibt viele Möglichkeiten, ein Verb zu nominalisieren. Häufige Endungen und Veränderungen sind:

Endung/Veränderung	Verb	Nomen
Verb ohne Endung (mit/ohne Vokaländerung)	abbauen wählen	der Abbau die Wahl
das + Infinitiv	erkennen	das Erkennen
die + -ung	entstehen wahrnehmen	die Entstehung die Wahrnehmung
der + -er	lernen	der Lerner
die/der + -e (mit/ohne Vokaländerung)	folgen helfen glauben	die Folge die Hilfe der Glaube
die/das + -(t)nis	erkennen erleben	die Erkenntnis das Erlebnis
die + -(t)ion	reagieren	die Reaktion

Der Körper **reagiert** auf Musik.   →   die **Reaktion** des Körpers auf Musik
Nominativ   Genitiv

Bei Verben mit Akkusativ wird die Akkusativergänzung auf zwei Arten umgeformt:
mit Artikelwort: Musik **verändert** den Blutdruck.   →   die **Veränderung** des Blutdrucks durch Musik
                          Nominativ   Akkusativ   Genitiv   durch + Akkusativ
ohne Artikelwort: Musik **baut** Stress **ab**.   →   der **Abbau** von Stress durch Musik
                          Nominativ Akkusativ   von + Dativ   durch + Akkusativ

45 Tipps gegen Stress. Formen Sie wie im Beispiel um.

1. sich gesund ernähren: _gesunde Ernährung_____

2. ausreichend schlafen: _____

3. nach dem Essen ruhen: _____

4. sich viel bewegen: _____

5. Freundschaften pflegen: _____

6. sich an Schönes erinnern: _____

7. sich auf Positives konzentrieren: _____

8. täglich meditieren: _____

9. auf Kaffee verzichten: _____

10. ein Haustier kaufen: _____

Adjektiv

Adjektiv

Deklination der Adjektive

Typ I: bestimmter Artikel + Adjektiv + Nomen

	der Körper	das Fachgebiet	die Wirkung	Körper (Pl.)
N	der menschliche	das neue	die therapeutische	die menschlichen
A	den menschlichen	das neue	die therapeutische	die menschlichen
D	dem menschlichen	dem neuen	der therapeutischen	den menschlichen
G	des menschlichen	des neuen	der therapeutischen	der menschlichen

auch nach: Fragewörtern *(welcher, welches, welche)*; Demonstrativartikeln *(dieser, dieses, diese; jener, jenes, jene)*; Indefinitartikeln *(jeder, jedes, jede; alle (Pl.))*; Negationsartikeln und Possessivartikeln im Plural *(keine, meine)*

Typ II: unbestimmter Artikel + Adjektiv + Nomen

	der Körper	das Fachgebiet	die Wirkung	Körper (Pl.)
N	ein menschlicher	ein neues	eine therapeutische	menschliche
A	einen menschlichen	ein neues	eine therapeutische	menschliche
D	einem menschlichen	einem neuen	einer therapeutischen	menschlichen
G	eines menschlichen	eines neuen	einer therapeutischen	menschlicher

auch nach: Negationsartikeln *(kein, kein, keine (Sg.))*; Possessivartikeln *(mein, mein, meine … (Sg.))*

Typ III: ohne Artikel + Adjektiv + Nomen

	der Körper	das Fachgebiet	die Wirkung	Körper (Pl.)
N	menschlicher	neues	therapeutische	menschliche
A	menschlichen	neues	therapeutische	menschliche
D	menschlichem	neuem	therapeutischer	menschlichen
G	menschlichen	neuen	therapeutischer	menschlicher

auch nach: Zahlen *(zwei, drei, vier …)*; Indefinitartikeln im Plural *(viele, einige, wenige, andere)*

Adjektive und Partizipien können zu Nomen werden. Sie werden aber wie Adjektive dekliniert:
*Der Arzt hilft k**rank**en Menschen. → Der Arzt hilft **K**ranken.*

46 Ergänzen Sie die Adjektivendungen.

Mit diesen Hausmitteln bleiben Sie gesund

Natürlich müssen Sie den Arzt aufsuchen, wenn Sie ernsthaft krank sind. Aber gegen viele kleine, alltäglich____ (1) Probleme helfen oft lange bekannt____ (2) Hausmittel oder auch die Änderung bestimmt____ (3) Verhaltensweisen:

A Sie können abends oft nicht einschlafen? Machen Sie am früh____ (4) Abend einen lang____ (5) Spaziergang, so können Sie gut abschal-ten und den stressig____ (6) Alltag vergessen. Hören Sie abends ruhig____ (7) Musik und entspannen Sie sich mit einem interessant____ (8) Buch. Verzichten Sie ab dem Nachmittag auf koffeinhaltig____ (9) Getränke und nehmen Sie abends keine fett____ (10) Speisen zu sich. Die optimal____ (11) Temperatur im Schlafzimmer liegt übrigens bei 15 Grad.

B Besonders in der kalt____ (12) Jahreszeit plagen uns häufig stark____ (13) Erkältungen. Einfach____ (14) Hausmittel können oft die belastend____ (15) Beschwerden lindern. Trinken Sie eine
20 heiß____ (16) Zitrone mit frisch____ (17) Ingwer und Honig. Auch eine selbst gekocht____ (18) Hühnersuppe verbessert den allgemein____ (19) Gesundheitszustand. Ein warm____ (20) Bad mit Menthol hilft bei unangenehm____ (21) Rückenschmerzen. Wer er-
25 höht____ (22) Temperatur hat, sollte im Bett bleiben.

C Stärken Sie Ihr geschwächt____ (23) Immunsystem, indem Sie viel vitaminreich____ (24) Obst und Gemüse essen. Vitamin C ist für eine stark____ (25) Gesundheit unverzichtbar. Gehen Sie so

30 oft wie möglich an die frisch____ (26) Luft. Trinken Sie genügend, am besten still____ (27) Wasser. Unternehmen Sie schön____ (28) Dinge, die Ihnen Spaß machen, gehen Sie z. B. mit alt____ (29) Freunden ins Kino oder widmen Sie sich einem neu____ (30) Hobby.

47 **Kennzeichen für einen guten Arzt. Ergänzen Sie die Sätze.**

1. (ein – gut – Arzt) hört zu und schenkt seinen Patienten (die – voll – Aufmerksamkeit).
2. Er versucht, sich für (die – klein und groß – Probleme) seiner Patienten Zeit zu nehmen.
3. (ein – respektvoll – Umgang) zwischen Arzt und Patient ist wichtig.
4. Der Arzt sollte mit (einfach und plausibel – Erklärungen) seine Diagnose stellen.
5. In (dringend – Angelegenheiten) sollten Betroffene schnell einen Termin bekommen.

Komparativ und Superlativ

B1+K4M1

	steht nicht vor Nomen	steht vor Nomen
Komparativ	1. Adjektive + Endung *er* 2. Einsilbige Adjektive: *a, o, u* wird meistens zu *ä, ö, ü* 3. Adjektive auf *-el* und *-er*: *-e-* fällt weg (*teuer – teurer*)	4. Komparative müssen dekliniert werden: *das interessantere Hobby* *ein tolleres Hobby* 5. Ausnahmen: *Ich würde gern mehr Filme sehen.* *Jetzt habe ich noch weniger Zeit.*
Superlativ	1. *am* + Adjektiv + Endung *sten* 2. Adjektive auf *-d, -s, -sch, -st, -ß, -t, -x, -z*: meistens Endung *esten* (Ausnahme: *groß – am größten*)	3. Superlative müssen dekliniert werden: Adjektiv + *(e)st* + Kasusendung 4. *am* entfällt *das interessanteste Hobby* *mein liebstes Hobby*

besondere Formen:

gut – besser – am besten	*hoch – höher – am höchsten*
gern – lieber – am liebsten	*nah – näher – am nächsten*
viel – mehr – am meisten	*groß – größer – am größten*

Vergleiche mit *als/wie*

Grundform + *wie*:   *Meine Kinder gehen (genau)so gern ins Kino wie ich.*
Komparativ + *als*:   *Im Sommer bin ich viel aktiver als im Winter.*

Adjektiv

48 Gespräche am Frühstückstisch. Ergänzen Sie die Adjektive im Komparativ oder Superlativ. Achten Sie auf die Endungen.

1. ○ Was für ein Spiel! Fußball ist einfach der _____ (spannend) Sport, den es gibt.

   ● Also, ich finde Formel 1 viel _____ (interessant) als Fußball.

2. ○ Welches Kleid gefällt dir _____ (gut)? Das rote oder das blaue?

   ● Das blaue. Aber das _____ (hübsch) Kleid von allen ist das grüne.

3. ○ Theater, Kino, Restaurant … Wir müssen jetzt wirklich mal _____ (wenig) Geld ausgeben.

   ● Stimmt. Wir sind in letzter Zeit viel _____ (oft) als sonst ausgegangen. Aber dafür haben wir auch _____ (viel) Zeit zusammen verbracht.

4. ○ Ach, das war die _____ (toll) Reise, die wir je gemacht haben.

   ● Ja, und die _____ (teuer).

5. ○ Was sollen wir heute Abend essen: Nudeln oder Fisch?

   ● Wir wollten doch _____ (gesund) leben, also _____ (gern) Fisch.

6. ○ Morgen zeige ich dir den _____ (gemütlich) Biergarten der ganzen Stadt.

   ● Okay, ich hoffe, da gibt es _____ (gut) Essen als in dem letzten, den du mir gezeigt hast.

7. ○ Peter ist einer der _____ (nett) Menschen, die ich kenne.

   ● Na ja, er ist auf jeden Fall _____ (sympathisch) als sein Freund.

8. ○ Heute ist es ja noch _____ (warm) als gestern. Ich brauche unbedingt einen _____ (dünn) Mantel.

   ● Dann lass uns doch zu „Sport Wagner" gehen. Die haben die _____ (günstig) Jacken und Mäntel.

Partizipien als Adjektive   B2K10M1

Partizipien können als Adjektive gebraucht werden und geben dann nähere Informationen zu Nomen.
Wenn sie vor Nomen stehen, brauchen sie eine Adjektivendung. Man kann sie durch Relativsätze wiedergeben:

Bildung	Bedeutung	Beispiel	Umformung Relativsatz
Partizip I Infinitiv + d + Adjektivendung	aktive Handlungen oder Vorgänge, die gleichzeitig mit der Haupthandlung des Satzes passieren	*Bald sind auf unseren Straßen **selbstfahrende** Autos unterwegs.*	*Bald sind auf unseren Straßen Autos, **die selbst fahren**, unterwegs.*
Partizip II Partizip II + Adjektivendung	meist passive Handlungen oder Vorgänge, die gleichzeitig mit oder vor der Haupthandlung des Satzes passieren	*Ein schnell **ausgelöster** Notruf kann Leben retten.* *Der auf der Messe **vorgestellte** Roboter wird nun ausprobiert.*	*Ein Notruf, **der** schnell **ausgelöst wird**, kann Leben retten.* *Der Roboter, **der** auf der Messe **vorgestellt worden ist**, wird nun ausprobiert.*

Vor Partizipien können Erweiterungen stehen: *der schnell von Robotern ausgelöste Notruf*

49 Gedanken über die Zukunft. Partizip I oder II? Ergänzen Sie.

backen anstrengen herstellen zerstören blühen fliegen aufräumen zubereiten putzen kochen

1. Was es wohl in der Zukunft alles gibt? Vielleicht stehen wir nie mehr im Stau, weil es bald _____ Autos gibt. Aber ich hätte gern einen selbst _____ Herd, sodass immer, wenn ich nach Hause komme, eine frisch _____ Mahlzeit auf dem Tisch steht und am besten auch noch ein gerade _____ Kuchen dazu.

2. Ich hätte gerne einen _____ Roboter, der für eine _____ und saubere Wohnung sorgt. Dann muss ich nie mehr staubsaugen und kann mich nach einem _____ Arbeitstag wunderbar auf dem Sofa entspannen.

3. Vielleicht gibt es in den Städten keine _____ Blumen mehr, sondern nur noch Häuser und Straßen und die Menschen haben sich mit der _____ Umwelt abgefunden. Oder es geschieht das Gegenteil und es gibt überall grüne Oasen.

4. Ich hoffe, dass die Menschen der Zukunft nur umweltfreundlich _____ Produkte kaufen werden.

Modales Partizip

Das modale Partizip wird aus *zu* + Partizip I gebildet. Es steht vor Nomen, deshalb muss es wie ein Adjektiv dekliniert werden: *eine* **zu** *beachten***de** *Regel, die* **zu** *beachten***den** *Regeln*

In seiner Bedeutung entspricht das modale Partizip einem Relativsatz im Passiv mit Modalverb. Es drückt eine Notwendigkeit (*muss/soll*), eine Möglichkeit (*kann*) oder ein Verbot (*darf nicht*) aus.
eine nicht zu erkennende Person = eine Person, die nicht erkannt werden kann
die zu beachtenden Regeln = die Regeln, die beachtet werden müssen

Das modale Partizip kann bei transitiven, passivfähigen Verben gebildet werden.
Im Relativsatz können auch Passiv-Ersatzformen verwendet werden.

Passiv + *können*	*eine Person, die*	*nicht zu erkennen ist* *nicht erkennbar ist* *sich nicht erkennen lässt* *man nicht erkennen kann*
Passiv + *müssen*	*die Regeln, die*	*zu beachten sind* *man beachten muss*

Modale Partizipien findet man meist in formellen Texten wie z. B. Gesetzen, Regelungen, Anweisungen, formellen Schreiben, wissenschaftlichen oder juristischen Texten im Nominalstil.

50 Ärger mit der Technik. Formen Sie die Relativsätze in modale Partizipien um.

1. ein Computer, der repariert werden muss _____

2. die Datei, die man nicht öffnen kann _____

3. eine Webseite, die zu programmieren ist _____

4. Fotos, die man löschen muss _____

5. ein Schaden, den man nicht abschätzen kann _____

51 Formen Sie die modalen Partizipien in Relativsätze um.

1. Die auf der Webseite zu sehenden Filme sind nur kostenpflichtig downloadbar.
2. Den zu zahlenden Betrag kann man mit Kreditkarte begleichen.
3. Außerdem gibt es eine große Auswahl an zu bestellenden Produkten und Geräte.
4. Nicht mehr zu reparierende Geräte werden kostenlos ausgetauscht.
5. Wegen eines nur schwer zu behebenden Programmfehlers ist die Seite momentan offline.

1. Die Filme, die man …

Präpositionaladverbien und Fragewörter

davon, daran, darauf … und *wovon, woran, worauf …*　　　B1+K6M3/B2K8M1

wo(r)… und *da(r)…* verwendet man bei Sachen und Ereignissen.
Präposition + Pronomen/Fragewort verwendet man bei Personen und Institutionen.
da(r)… steht auch vor Nebensätzen (*dass*-Satz, Infinitiv mit *zu*, indirekter Fragesatz).

Nach *wo…* und *da…* wird ein *r* eingefügt, wenn die Präposition mit einem Vokal beginnt: *auf → worauf/darauf*

Sachen/Ereignisse	Personen/Institutionen
wo(r) + Präposition	**Präposition + Fragewort**
○ *Worauf bist du stolz?* ● *Auf mein Examen!* ○ *Wovon redet er?* ● *Vom neuen Projekt.*	○ *Auf wen bist du stolz?* ● *Auf meine Kinder.* ○ *Mit wem redet er?* ● *Mit dem Projektleiter.*
da(r) + Präposition	**Präposition + Pronomen**
○ *Erinnerst du dich **an dein Bewerbungsgespräch**?* ● *Natürlich erinnere ich mich **daran**. Ich erinnere mich auch gut **daran**, wie nervös ich war.*	○ *Erinnerst du dich **an Sabine**?* ● *Natürlich erinnere ich mich **an sie**.*

▶ B1plus　**52** Hier ist es so laut! Lesen Sie die Aussagen und formulieren Sie die Fragen.

1. ○ Ich habe mich so über Max geärgert.

　　● *Über wen?* _____

2. ○ Er spricht die ganze Zeit nur über seinen Job.

　　● _____

3. ○ Nie denkt er an unsere Zukunft.

　　● _____

4. ○ Und letzte Woche hat er sich mit Marie getroffen.

　　● _____

5. ○ Er interessiert sich überhaupt nicht für meine Probleme.　● _____

6. ○ Ich sollte wohl einfach nicht so viel von ihm erwarten.　● _____

7. ○ Oder ich trenne mich von meinen Vorstellungen.　● _____

8. ○ Ich muss noch mal in Ruhe über unsere Beziehung nachdenken.　● _____

▶ B2 **53 Ergänzen Sie das Präpositionaladverb.**

1. Der Koch Tim Raue ist bekannt _____, immer wieder neue Rezepte zu kreieren.

2. Er ist bestimmt stolz _____, dass seine Restaurants so gut laufen.

3. Viele Leute sind _____ gespannt, wie sein neues Restaurant aussieht.

4. Er hat ein gutes Gefühl _____, was den Leuten gefällt.

5. Wenn man erfolgreich sein will, darf man keine Angst _____ haben zu scheitern. Man muss Dinge einfach ausprobieren.

6. Jetzt eröffnet er auch ein Restaurant in meiner Stadt. Und ich bin schon ziemlich neugierig _____.

7. Meine Freundin kann auch richtig gut kochen. _____ bin ich ein bisschen neidisch, denn ich bin in der Küche wirklich eine Niete.

Partikel

Modalpartikeln
B2K9M3

Modalpartikeln sind typisch für die mündliche Sprache. Man benutzt sie, um seine Ansichten, Absichten und Gefühle zu verstärken oder abzuschwächen. In Aussagesätzen stehen die Modalpartikeln meist hinter dem Verb. Die Bedeutung ist vom Kontext und von der Betonung des Satzes abhängig.

Satzart	Partikel	Bedeutung	Beispiel
Aussagen und Ausrufe	*aber*	Freundlichkeit	*Das ist aber schön, dich zu sehen.*
		Überraschung	*Der sieht aber sympathisch aus!*
	doch	Freundlichkeit	*Das mache ich doch gerne.*
		Empörung	*Das ist doch unmöglich!*
		Vorschlag/Ermunterung	*Komm doch mit ins Kino!*
	ja	Freundlichkeit	*Das ist ja nett.*
		Überraschung	*Du bist ja auch hier!*
		Empörung	*Das ist ja gemein!*
Aufforderungen, Aussagen, Fragen	*mal*	Aufforderung/Befehl	*Hilf mir mal!*
Fragen	*denn*	Freundlichkeit/Interesse	*Wie geht's dir denn?*
		Überraschung	*Sprecht ihr denn wieder miteinander?*

Manche Modalpartikeln haben eine ähnliche Bedeutung: *Dein Kleid ist* **aber/ja** *sehr schön!*

Pronomen

54 Im Museum. Welche Modalpartikel passt? Kreuzen Sie an.

1. ○ Die Ausstellung wollte ich ☐ ja ☐ denn unbedingt sehen. Der Eintritt ist ☐ mal ☐ aber teuer, oder?
2. ● Stimmt, aber jetzt machen wir uns einen schönen Tag. Sieh ☐ mal ☐ ja, das Bild ist ☐ ja ☐ denn schön.
3. ○ Ja, interessant. Komm ☐ denn ☐ mal hier lang, dort ist doch die Ausstellung, die du sehen wolltest.
4. ● Das kann ☐ doch ☐ mal nicht wahr sein! Der beste Teil der Ausstellung ist ☐ mal ☐ ja geschlossen.
5. ○ Oh nein, warum das ☐ denn ☐ doch?
6. ● Warte ☐ aber ☐ mal, da steht was … Wasserrohrbruch! Das ist jetzt ☐ aber ☐ denn wirklich blöd.
7. ○ Dann lass uns ☐ doch ☐ ja die anderen Ausstellungen ansehen. Wir können ☐ aber ☐ ja nächste Woche noch einmal kommen.
8. ● Hast du ☐ denn ☐ doch nächste Woche Zeit? Du musst ☐ doch ☐ aber arbeiten.
9. ○ Ich nehme mir einfach einen Nachmittag frei. Das mache ich ☐ mal ☐ doch gerne.
10. ● Das ist ☐ aber ☐ denn schön! Wir können uns ☐ aber ☐ ja am Donnerstag treffen, wenn das geht. Aber jetzt sind wir ☐ ja ☐ mal schon hier und sehen uns alles andere an. Komm!

Pronomen

Indefinitpronomen

B2K5M3

Indefinitpronomen beziehen sich auf Personen, Orte, Zeiten und Dinge, die nicht genauer definiert werden. So bekommen Aussagen mit Indefinitpronomen einen allgemeinen Charakter.

Nominativ	man	(k)einer/(k)eins/(k)eine	niemand	jemand	irgendwer
Akkusativ	einen	(k)einen/(k)eins/(k)eine	niemanden*	jemanden*	irgendwen
Dativ	einem	(k)einem/(k)einem/(k)einer	niemandem*	jemandem*	irgendwem

* In der gesprochenen Sprache wird im Akkusativ und Dativ auch die Form des Nominativs benutzt:
○ *Hast du **jemand** getroffen, den du kennst?*   ● *Nein, **niemand**.*

	Indefinitpronomen		Negation
Person	man, jemand, einer, irgendwer	→	niemand, keiner
Ort	irgendwo, irgendwoher, irgendwohin	→	nirgendwo, nirgendwoher, nirgendwohin, nirgends
Zeit	irgendwann	→	nie, niemals
Dinge	irgendetwas, etwas, eins	→	nichts, keins

55 Ein Gespräch in der Mittagspause. Ergänzen Sie passende Indefinitpronomen.

1. ○ Jetzt suche ich schon ewig mein Handy.

   ● _____ muss es ja sein. Hast du schon in deiner Tasche nachgeschaut?

2. ○ Natürlich. Oh, da ist es ja. Lass uns doch _____ gehen, einen Kaffee trinken und

   _____ essen.

3. ● Ja, klar. Wo ist denn hier ein Café?

   ○ Ach, guck mal, dort ist _____.

4. ● Oh, ich habe gar kein Geld dabei. Kannst du mir _____ leihen?

   ○ Tut mir leid, ich habe auch _____ dabei. Aber ich kann mit Karte zahlen und du gibst mir das

   Geld einfach _____ wieder. Wir sehen uns ja öfter.

5. ● Das muss ich mir gleich mal aufschreiben, sonst vergesse
   ich das. Hast du einen Stift?

   ○ Moment, hier in meiner Jacke muss _____ sein.

6. ● Siehst du einen freien Tisch? Ah, da hinten sitzt
   _____. Komm schnell!

7. ○ Ich verstehe gar nicht, wie Leute in Cafés mit ihrem Laptop
   arbeiten können. Der Lärm geht _____ doch auf die
   Nerven. Da kann _____ sich gar nicht konzentrieren.

   ● Daran gewöhnt man sich bestimmt und dann macht es _____ nichts mehr aus.

8. ○ Ich nehme einen Salat mit Schafskäse. Und du?

   ● Ich nehme auch _____ und noch ein Sandwich dazu.

9. ○ Jetzt würde ich aber gern mal bestellen. Warum kommt denn hier _____?

   ● Ja, komisch. Hier ist _____ ein Kellner zu sehen.

10. ○ Was machst du denn am Wochenende? Hast du _____ geplant?

    ● Mal sehen, Katja und ich wollen _____ fahren. Vielleicht in die Berge.

Das Wort *es*   B2K2M3

es als Subjekt oder Objekt (obligatorisch)

	es als Subjekt	*es* als Objekt
Wetterverben	es nieselt, es regnet, es hagelt, es schneit, es donnert, es blitzt, es gewittert, es stürmt	╳
Tages- und Jahreszeiten	Es ist Morgen. Es wird Nacht. Es wird Frühling.	╳
Natur- und Zeiterscheinungen	Es ist schon spät. Im Winter bleibt es lange dunkel. Es wird hell. Es zieht.	╳
feste lexikalische Verbindungen	es geht, es gibt, es ist, es eilt mit + D, es fehlt an + D, es geht um + A, es handelt sich um + A, es klappt mit + D, es kommt an auf + A, es läuft gut/schlecht, es braucht Zeit für + A	es abgesehen haben auf + A, es eilig haben, es ernst/leicht/schwer nehmen, es ernst meinen, es gut/schlecht haben, es gut/schlecht meinen mit + D, es in sich haben, es sich gut gehen lassen, es weit bringen

Wenn *es* Objekt ist, steht *es* niemals auf Position 1.

es als Stellvertreter von dass-Sätzen oder Infinitivkonstruktionen

Es	1	ist 2	verwunderlich,	**dass** viele Menschen Smalltalk nicht mögen.
Dass viele Menschen Smalltalk nicht mögen,		ist	verwunderlich.	
Viele	1	lehnen 2	es	ab,	ein nichtssagendes Gespräch **zu** beginnen.
Ein nichtssagendes Gespräch **zu** beginnen,		lehnen	viele	ab.	

Steht der dass-Satz oder die Infinitivkonstruktion auf Position 1, entfällt *es*.

Pronomen

56 Zwölf Mal *es*. Markieren Sie, wo im Text *es* fehlt.

1 Im Berufsalltag ist ⌄*es* oft schwer, sich zu entspannen

2 und abzuschalten. Viele Arbeitnehmer grübeln auch

3 nach Feierabend noch über ihren Arbeitstag nach,

4 wenn Probleme mit den Kollegen gibt. Berufstätige

5 sollten aber nicht so schwer nehmen, wenn im Job

6 mal nicht so gut läuft. Manche Projekte haben sicher

7 in sich, aber bringt einen auch nicht weiter, wenn man den ganzen Abend darüber nachdenkt. Meistens ist

8 viel besser, an etwas ganz anderes zu denken und am nächsten Tag mit neuem Schwung an die Arbeit zu

9 gehen. Wenn der Chef wieder mal besonders eilig hat, sollte man versuchen, sich davon nicht stressen zu

10 lassen. Für manche Dinge braucht einfach ein bisschen mehr Zeit. Bei Problemen mit Kollegen kommt darauf

11 an, diese nicht zu persönlich zu nehmen und nicht emotional zu reagieren. Oft fehlt einfach an Distanz.

12 Machen Sie sich klar, dass normalerweise gar nicht um Sie geht, wenn der Kollege mal wieder schlecht ge-

13 launt ist.

57 So ein Wetter! Formulieren Sie die Sätze um und beginnen Sie mit dem unterstrichenen Satzteil. Entfällt *es* oder nicht?

1. Es regnet schon wieder den ganzen Tag.

   _____

2. Es ist nicht schön, dass wir unseren Ausflug noch einmal verschieben müssen.

   _____

3. Es ist bei diesem Wetter nicht möglich, eine Radtour zu machen.

   _____

4. Es ist bei diesem Wetter nicht möglich, eine Radtour zu machen.

   _____

5. Es schneit vielleicht sogar.

   _____

6. Ich finde es wirklich ärgerlich, dass es schon wieder schneit.

   _____

Präposition

Präpositionen (Zusammenfassung) B1+K9M3/B1+K10M3/B2K10M3

	Ort		Zeit	Grund/Folge	Gegengrund	Art und Weise
	Wohin?	**Wo?**				
mit Akkusativ	**bis** zur Brücke **durch** den Bahnhof **gegen** die Mauer **um** die Ecke	den Bach **entlang*** **um** den Baum **herum**	**bis** nächstes Jahr **für** drei Tage **gegen** fünf Uhr **um** Viertel nach sieben **um** Ostern **herum** **über** eine Woche	**durch** die Krankheit		**ohne** Nach- denken
mit Dativ	**zur** Straße	**ab** der Ampel **an** der Straße **entlang** **bei** der Kreuzung **entlang*** dem Bach **gegenüber** der Schule **nach** der Brücke **vom** Flughafen **aus**	**ab** vier Wochen **an** den schönsten Tagen **beim** Packen der Koffer **in** der Nacht **nach** der Reise **seit** einem Monat **von** jetzt **an** **von** morgens **bis** abends **vor** der Buchung **zu** Weihnachten **zwischen** Montag und Mittwoch	**aus** Verlegenheit **vor** Furcht **bei** Gefahr		**mit** Eleganz **aus** Erfahrung **nach** Gefühl
Wechselpräpositionen mit Akkusativ (Wohin?) oder Dativ (Wo?)	**an** die Wand **auf** den Tisch **hinter** das Regal **in** den Abfalleimer **neben** die Bücher **über** die Uhr **unter** das Bett **vor** den Teppich **zwischen** die Stühle	**an** der Wand **auf** dem Tisch **hinter** dem Regal **im** Abfalleimer **neben** den Büchern **über** der Uhr **unter** dem Bett **vor** dem Teppich **zwischen** den Stühlen				
mit Genitiv		**außerhalb** des Geländes **entlang*** des Bachs **innerhalb** der Gebäude **jenseits** der Mauer **inmitten** des Zimmers **unweit** der Uni	**außerhalb** der Saison **innerhalb** eines Monats **während** des Urlaubs **inmitten** der Ferien	**wegen** ihres Studiums **dank** einer Ausbildung **infolge** ihrer Recherchen **aufgrund** des Interesses **anlässlich** des Jubiläums **angesichts** der Nachfrage	**trotz** fehlender Ausbildungs- möglichkeiten	

Wir gehen den Bach entlang.   nachgestellt mit Akkusativ
Wir gehen entlang dem Bach / des Bachs.   vorangestellt mit Dativ oder Genitiv

Die Präpositionen *dank, trotz, während* und *wegen* werden in der gesprochenen Sprache auch mit Dativ verwendet: *wegen dem schlechten Wetter*

Präposition

Wechselpräpositionen

Einige lokale Präpositionen werden sowohl mit Dativ als auch mit Akkusativ verwendet. Man nennt sie Wechselpräpositionen.

Frage *Wo?*	Frage *Wohin?*
⊙	⤳ •
Wechselpräposition mit Dativ ○ *Wo* ist der Müll? ● *Im* Abfalleimer.	Wechselpräposition mit Akkusativ ○ *Wohin* wirfst du den Müll? ● *In den* Abfalleimer.

▶ B1plus **58** **Urlaubspläne. Welche temporale Präposition passt? Ordnen Sie zu.**

in	für	nach	seit	vor	um … herum	während	im	außerhalb	vor	an	von … bis

10 Tipps für einen gelungenen Urlaub

1. Fahren Sie am besten _____ der Schulferien in den Urlaub. Das ist billiger!

2. _____ Ostern oder _____ Weihnachten _____ ist es in vielen Gegenden am teuersten.

3. In vielen Ländern ist es _____ Frühling oder Herbst besonders schön.

4. Buchen Sie ein All-inclusive-Hotel, wenn Sie sich _____ morgens _____ abends um nichts kümmern möchten.

5. _____ der Reservierung sollten Sie im Internet recherchieren, wie das Hotel bewertet wird. So bleiben Ihnen böse Überraschungen erspart.

6. Erkundigen Sie sich, ob Sie _____ Ihres Aufenthalts Wellness-Behandlungen buchen können oder ob Sie bereits _____ Ihrer Anreise Termine vereinbaren müssen.

7. Überlegen Sie genau, ob es sich lohnt, _____ vier oder fünf Tage eine lange Fahrt auf sich zu nehmen, oder ob Sie sich nicht auch in der Nähe erholen können.

8. Sie schlafen _____ den ersten Nächten im Hotel immer nicht so gut? Nehmen Sie sich ein eigenes kleines Kissen mit.

9. Fahren Sie _____ vielen Jahren an den gleichen Ort? Probieren Sie doch mal etwas Neues aus! Das kann sehr inspirierend sein.

10. Versuchen Sie, _____ der Reise das Urlaubsgefühl noch so lange wie möglich zu halten, und gönnen Sie sich öfter mal ein schönes Essen oder ein leckeres Eis.

59 Im Urlaub. Was ist richtig? Kreuzen Sie an.

1. ○ Entschuldigung, wo bitte ist das Hotel Rose?
   ● Fahren Sie
   a über die Brücke und dann rechts.
   b über der Brücke und dann rechts.

2. ○ Was machen wir heute Abend?
   ● Ich würde sagen, wir essen schön
   a ins Hotel-Restaurant.
   b im Hotel-Restaurant.

3. ○ Wo ist Jakob?
   ● Der liegt schon
   a an den Strand.
   b am Strand.

4. ○ Wir könnten heute mal
   a ins Museum gehen.
   b im Museum gehen.
   ● Gute Idee!

5. ○ Wo steht denn das Mietauto?
   ● Das habe ich
   a vor das Hotel gestellt.
   b vor dem Hotel gestellt.

6. ○ Wie ist dein Zimmer?
   ● Na ja, es liegt genau
   a neben den Parkplatz.
   b neben dem Parkplatz.

7. ○ Wo ist der Zimmerschlüssel?
   ● Ich habe ihn vorhin
   a auf den Tisch gelegt.
   b auf dem Tisch gelegt.

8. ○ Wo ist das Fitnessstudio?
   ● Das finden Sie gleich
   a hinter die Rezeption.
   b hinter der Rezeption.

9. ○ Kommst du mit
   a ins Zentrum?
   b im Zentrum?
   ● Ja, gern.

10. ○ Hast du meinen Badeanzug gesehen?
    ● Der liegt bestimmt
    a unter die Handtücher.
    b unter den Handtüchern.

▶ B2 **60 Die Tourismusbranche. Welche Präposition passt? Markieren Sie und ergänzen Sie den Artikel in der richtigen Form.**

1. Infolge – Jenseits _____ (die) Wirtschaftskrise geben viele Leute weniger Geld für Urlaub aus.

2. Angesichts – Außerhalb _____ (die) politischen Situation ist es nicht ratsam, in bestimmte Länder zu reisen.

3. Trotz – Dank _____ (das) vielfältigen kulturellen Angebots sind Städtereisen immer noch Trend.

4. Anlässlich – Wegen _____ (die) schönen Strände ist die Insel Sylt bei Touristen sehr beliebt.

5. Dank – Trotz _____ (die) unregelmäßigen Arbeitszeiten wollen junge Leute gern in der Tourismusbranche arbeiten.

6. Aufgrund – Inmitten _____ (der) neuen Flughafens erhoffen sich die Hotels mehr Buchungen von Touristen.

7. Innerhalb – Aufgrund _____ (das) Stadtzentrums sind die Hotels meistens am teuersten.

8. Unweit – Infolge _____ (die) Hotels gibt es oft viele Souvenirläden.

9. Dank – Jenseits _____ (die) Touristenmeilen sieht man, wie die Bewohner eines Landes wirklich leben.

10. Anlässlich – Trotz _____ (die) Tourismusmesse kommen viele Besucher in die Stadt.

Präposition

Nomen, Verben und Adjektive mit Präpositionen

Viele Nomen, Verben und Adjektive haben dieselbe Präposition. Manchmal gibt es nur ein Nomen und ein Verb mit derselben Präposition, manchmal nur ein Nomen und ein Adjektiv mit derselben Präposition.

Verb	Nomen	Adjektiv	Präposition
abhängen	die Abhängigkeit	abhängig	von + D.
sich freuen	die Freude	erfreut	über + A.
helfen	die Hilfe	hilfreich	bei + D.
sich sorgen	die Sorge	besorgt	um + A.

Verb	Nomen	Präposition
sich ängstigen	die Angst	vor + D.
antworten	die Antwort	auf + A.
sich begeistern	die Begeisterung	für + A.
bitten	die Bitte	um + A.
sich erinnern	die Erinnerung	an + A.
sich interessieren	das Interesse	für + A.
suchen	die Suche	nach + D.
teilnehmen	die Teilnahme	an + D.

Nomen	Adjektiv	Präposition
die Bekanntschaft	bekannt	mit + D.
die Eifersucht	eifersüchtig	auf + A.
der Neid	neidisch	auf + A.
die Neugier	neugierig	auf + A.
die Wut	wütend	auf + A.
die Verwandtschaft	verwandt	mit + D.

Nomen, Verben und Adjektive können auch mit Präpositionaladverbien verwendet werden.

Sache/Ereignis   ○ **Worauf** bist du stolz?   ● Auf mein Examen.
○ Bist du stolz auf deine Leistung?   ● Nein. Wieso sollte ich **darauf** stolz sein?

61 Der Kochclub. Ergänzen Sie die Präpositionen.

⊙ ○ ○

Liebe Siri,

stell dir vor, ich habe einen Kochclub gegründet. Ich bin ganz stolz (1) _____ mich ☺. Ich koche

doch so gern und dachte, es wäre schön, sich ab und zu (2) _____ anderen Kochfans zu treffen.

Ein Austausch (3) _____ leidenschaftlichen Hobby-Köchen macht einfach mehr Spaß, als zu

Hause allein neue Rezepte auszuprobieren. Also habe ich ein paar Leute, (4) _____ denen ich

befreundet bin, gefragt und alle waren (5) _____ der Idee begeistert. Im Prinzip kann jeder

Mitglied im Kochclub werden. Die Liebe (6) _____ gutem Essen und die regelmäßige Teilnahme

(7) _____ den Treffen ist aber Bedingung (8) _____ die Mitgliedschaft. Die Treffen finden

zweimal im Monat statt, immer bei einem Mitglied zu Hause. Wir sprechen (9) _____ Rezepte,

beschäftigen uns (10) _____ den neusten Koch-Trends und natürlich kochen wir zusammen.

Zwei Personen sind jeweils (11) _____ die Abendgestaltung verantwortlich. Sie entscheiden sich

(12) _____ ein Rezept und kaufen ein. Gekocht wird dann gemeinsam. Wer (13) _____

bestimmte Lebensmittel allergisch reagiert, sollte vorher Bescheid sagen. Wenn man (14) _____

einem Treffen nicht anwesend sein kann, muss man nur rechtzeitig absagen. Wie findest du meinen

Kochclub? Melde dich bald, ich bin schon sehr neugierig (15) _____ deine Meinung.

Liebe Grüße

Ida

62 In der Buchhandlung. Was passt zusammen? Verbinden Sie.

1. Viele Leser warten ungeduldig …
2. Nicht immer ist die Suche …
3. Die Buchhändler sind gern behilflich …
4. Man sollte auch aufgeschlossen …
5. Seit einigen Jahren ist das Interesse …
6. Besonders Regionalkrimis sind beliebt …
7. In Buchclubs diskutieren Leser …
8. Schlechte Kritiken sind schädlich …

A … für den Ruf eines Autors.
B … bei vielen Lesern.
C … über Inhalt und Qualität von Büchern.
D … gegenüber neuen Autoren sein.
E … nach einer spannenden Lektüre einfach.
F … an Krimis und Thrillern stark gestiegen.
G … auf die Neuerscheinungen.
H … bei der Wahl eines spannenden Buchs.

Negation

Negation   B2K1M3

etwas	↔	nichts
jemand/alle	↔	niemand
irgendwo/überall	↔	nirgendwo/nirgends
schon/bereits	↔	noch nicht

schon (ein)mal	↔	noch nie
immer	↔	nie/niemals
(immer) noch	↔	nicht mehr / nie mehr

Negation mit Wortbildung

	verneint	**Beispiele**
des-/dis-/miss-	Nomen, Adjektive, Verben	*das Desinteresse, disqualifiziert, missverstehen*
un-/in-/il-/ir-/a-/ non-	Nomen, Adjektive	*das Unverständnis, die Intoleranz, illegal, irreal, atypisch, der Nonsens*
-los/-frei/-leer	Adjektive	*arbeitslos, alkoholfrei, inhaltsleer*
Nicht-	Nomen	*Nichtschwimmer*

Position von *nicht*
Wenn *nicht* einen ganzen Satz verneint, steht es am Ende des Satzes, vor dem zweiten Teil der Satzklammer (z. B. Partizip, Infinitiv, trennbarer Verbteil), vor Adjektiven, vor Präpositionen und Präpositionalergänzungen oder vor lokalen Angaben.

Wenn *nicht* einen Satzteil verneint, steht es direkt vor diesem Satzteil: **Nicht** <u>sie</u> hat das erlebt, sondern <u>ihre Freundin</u>.

63 Ein schrecklicher Tag. Verneinen Sie die Sätze. Wo steht *nicht*? Markieren Sie.

1. Zuerst habe ich den Wecker gehört.
2. Der Bus wartete natürlich auf mich.
3. Deshalb war ich pünktlich im Büro.
4. Meine Chefin war darüber erfreut.
5. Noch dazu hatte ich meine Präsentation vorbereitet.
6. Die Kollegen waren also begeistert von meinem Vortrag.
7. Die Chefin war danach in ihrem Büro.
8. Deswegen konnte ich mit ihr über meine misslungene Präsentation sprechen.
9. Später habe ich die neuen Kunden vom Bahnhof abgeholt.
10. Das Mittagessen im Restaurant hat geschmeckt.
11. Am Nachmittag habe ich an den Termin mit dem Marketing gedacht.
12. Zu Hause habe ich meinen Haustürschlüssel gefunden.
13. Die Nachbarin war zu Hause, sodass ich meinen Ersatzschlüssel holen konnte.
14. Ich konnte mich also auf meinem Sofa von diesem Tag erholen.

64 Ärger im Büro. Antworten Sie mit einer Verneinung.

1. ○ Haben Sie die Präsentation schon vorbereitet? ● *Nein, noch nicht.*

2. ○ Gibt es hier irgendwo ein freies Besprechungszimmer? ● _____

3. ○ Haben Sie schon einmal eine so große Konferenz organisiert? ● _____

4. ○ Haben Sie schon etwas von den neuen Kunden gehört? ● _____

5. ○ Hat Ihnen jemand bei diesem Bericht geholfen? ● _____

6. ○ Ist Herr Müller immer noch krank? ● _____

7. ○ Haben Sie bereits mit der Firma Müller gesprochen? ● _____

65 Klatsch und Tratsch im Büro. Welche Vor- oder Nachsilbe passt? Ordnen Sie zu.

un	ir	in	un	des	los	in	~~los~~

1. Jana wirkt bei ihrer Arbeit oft überfordert und hilf**los**___.

2. Paula stellt so viele persönliche Fragen. Ich finde sie ganz schön _____diskret.

3. Levi hat bei der Diskussion gar nicht zugehört, er wirkte sehr _____interessiert.

4. Die meisten Kollegen mögen Herrn Schmidt nicht. Er ist ziemlich _____beliebt.

5. Maria versteht überhaupt keinen Spaß, sie ist so humor_____.

6. Florian macht so viele Fehler, er scheint wirklich sehr _____kompetent zu sein.

7. Susi reagiert auf alles immer so emotional und _____rational.

8. Frau Krohnke sagt nie „Guten Morgen". Sie ist sehr _____höflich.

Satz

Wortstellung im Satz   B2K1M1

Angaben im Mittelfeld
Merkformel: tekamolo

Ich	bin	MITTELFELD				ausgewandert.
		letztes Jahr	aus Liebe	ziemlich spontan	nach Australien	
1	2	**temporal** (Wann?)	**kausal** (Warum?)	**modal** (Wie?)	**lokal** (Wo?/Wohin?/Woher?)	**Ende**

Wenn man eine Angabe besonders betonen möchte, kann man sie z. B. auf Position 1 stellen. Dann steht das Subjekt direkt hinter dem Verb. Die Reihenfolge der übrigen Angaben bleibt gleich:
Aus Liebe bin ich letztes Jahr ziemlich spontan nach Australien ausgewandert.

Ergänzungen und Angaben im Mittelfeld

Ich	habe	MITTELFELD						geschickt.
		ihnen	täglich	aus Heimweh	sehnsüchtig	mehrere SMS	nach Hause	
1	2	**Dativ**	**temporal**	**kausal**	**modal**	**Akkusativ**	**lokal**	

Die Dativergänzung steht meistens vor der temporalen Angabe. Die Akkusativergänzung steht hinter den temporalen, kausalen und modalen Angaben und vor oder hinter der lokalen Angabe.

Präpositionalergänzungen

Präpositionalergänzungen stehen normalerweise am Ende des Mittelfelds.

*Ella hat sich während eines Urlaubs unerwartet **in David** verliebt.*

*Sie wartet seit Monaten sehnsüchtig **auf den Besuch ihrer besten Freundin**.*

66 Bilden Sie Sätze. Beginnen Sie mit dem unterstrichenen Satzteil.

1. gefahren / mit meiner Freundin Julia / nach Berlin / <u>ich</u> / bin / letzte Woche
2. <u>nach sechs Stunden</u> / wir / am Hauptbahnhof / angekommen / müde und erschöpft / sind
3. ins Hotel / dann / <u>ein netter Taxifahrer</u> / gebracht / hat / uns
4. haben / verbracht / im Wellnessbereich des Hotels / gut gelaunt / <u>den Rest des Nachmittags</u> / wir
5. uns / getroffen / <u>am Abend</u> / wir / mit Freunden / haben / in einem schönen Restaurant
6. wir / im Pergamonmuseum / <u>den nächsten Tag</u> / verbracht / wegen des schlechten Wetters / haben
7. für antike Kunst / leidenschaftlich / <u>Julia</u> / schon immer / interessiert / sich / hat
8. Postkarten vom Fernsehturm / haben / <u>danach</u> / wir / geschrieben / in einem Café / allen Freunden
9. eine Stadtrundfahrt / <u>am Samstag</u> / machen / unbedingt / durch die Stadt / wollten / wir
10. <u>leider</u> / vergessen / im Bus / hat / ihren Geldbeutel / am Nachmittag / Julia
11. sofort / lassen / <u>sie</u> / sperren / hat / alle Karten / sehr besorgt
12. bei der Polizei / hat / abgegeben / jemand / am Abend / den Geldbeutel / <u>glücklicherweise</u>
13. sehr schön / die Reise / aufgrund der vielen Erlebnisse / war / <u>trotz der Aufregung</u>

1. Ich bin letzte Woche …

Uneingeleitete Konditionalsätze   C1K10M1

Konditionalsatz mit *wenn*	Verb am Ende	***Wenn** Sie einen Kurs buchen <u>möchten</u>, dann kontaktieren Sie bitte unser Büro.*
Konditionalsatz ohne *wenn*	Verb auf Position 1	*<u>Möchten</u> Sie einen Kurs buchen, dann kontaktieren Sie bitte unser Büro.*

67 Sommerprogramm im Bürgerzentrum. Formen Sie die Sätze um und bilden Sie uneingeleitete Konditionalsätze.

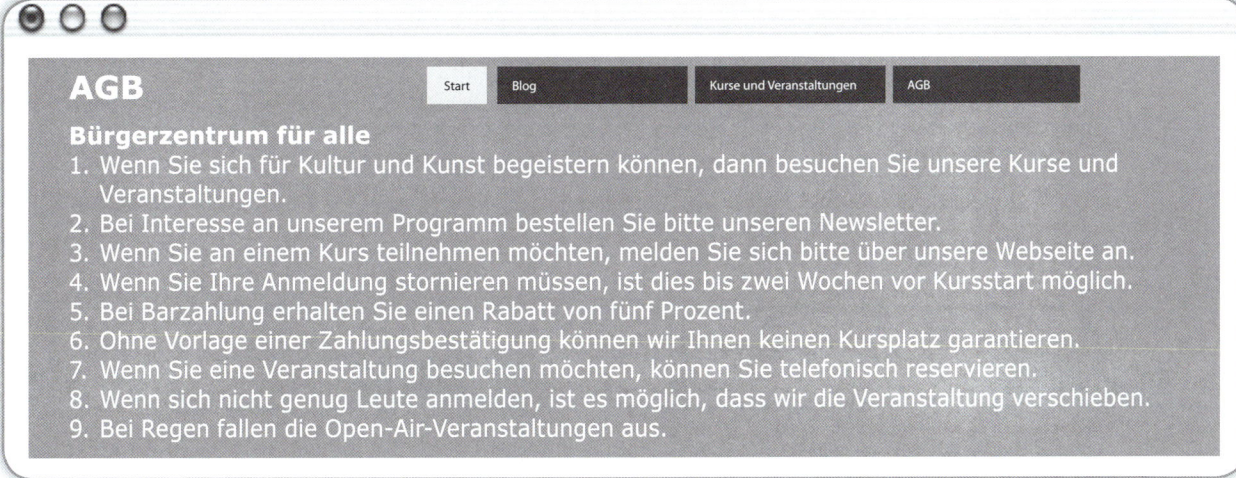

AGB

| Start | Blog | Kurse und Veranstaltungen | AGB |

Bürgerzentrum für alle
1. Wenn Sie sich für Kultur und Kunst begeistern können, dann besuchen Sie unsere Kurse und Veranstaltungen.
2. Bei Interesse an unserem Programm bestellen Sie bitte unseren Newsletter.
3. Wenn Sie an einem Kurs teilnehmen möchten, melden Sie sich bitte über unsere Webseite an.
4. Wenn Sie Ihre Anmeldung stornieren müssen, ist dies bis zwei Wochen vor Kursstart möglich.
5. Bei Barzahlung erhalten Sie einen Rabatt von fünf Prozent.
6. Ohne Vorlage einer Zahlungsbestätigung können wir Ihnen keinen Kursplatz garantieren.
7. Wenn Sie eine Veranstaltung besuchen möchten, können Sie telefonisch reservieren.
8. Wenn sich nicht genug Leute anmelden, ist es möglich, dass wir die Veranstaltung verschieben.
9. Bei Regen fallen die Open-Air-Veranstaltungen aus.

1. Können Sie sich für Kultur und Kunst begeistern, dann …

Satz

Partizipialgruppen

Partizipialgruppen sind oft verkürzte Konditionalsätze und werden als feste Wendung gebraucht.

Partizipialgruppe	Konditionalsatz
In Deutschland gibt es, **grob geschätzt**, fast vier Millionen Unternehmen.	**Wenn man grob schätzt**, gibt es in Deutschland fast vier Millionen Unternehmen.
Genau betrachtet findet man die meisten Unternehmen in den Wirtschaftszweigen Handel und Baugewerbe.	**Wenn man es genau betrachtet**, findet man die meisten Unternehmen in den Wirtschaftszweigen Handel und Baugewerbe.

Dem Partizip kann manchmal eine Präpositionalergänzung oder ein dass-Satz folgen:
*verglichen **mit** + Dat., abgesehen **von** + Dat., ausgehend **von** + Dat., angenommen, **dass***

Häufige Partizipialgruppen:
genau/kurz/anders gesagt, anders formuliert, genauer/oberflächlich betrachtet, genau/streng / im Grunde genommen, grob geschätzt

68 **Gespräche in der Kaffeepause. Bilden Sie aus den Konditionalsätzen Partizipialgruppen und ergänzen Sie diese in den Dialogen.**

A Wenn man es mit … vergleicht, …
B Wenn man es vom heutigen Standpunkt aus betrachtet, …
C Wenn man es offen sagt, …
D Wenn man es auf das Jahr hochrechnet, …
E Wenn man es juristisch sieht, …

1. ○ Mike beschwert sich immer, dass ich zu viel arbeite.

   ● Ich finde, er hat nicht unrecht. _____

   _____ deinen Kollegen arbeitest du

   wirklich sehr viel.

2. ○ Früher haben viele Leute unter viel schlechteren

   Bedingungen gearbeitet als wir heute.

   ● Das stimmt. _____

   _____ kann man sich das gar nicht mehr vorstellen.

3. ○ Die Geschäftsführung ist der Meinung, dass die Kündigung von Herrn Müller gerechtfertigt war.

   ● _____ stimmt das auch. Schließlich hat er gegen seinen

   Arbeitsvertrag verstoßen.

4. ○ Der Chef will, dass wir weniger Papier verbrauchen. So ein Quatsch, oder? Die zehn Kopien, die ich am

   Tag mache, sind doch nicht so schlimm.

   ● _____ sind das dann aber ganz schön viele. Und wenn

   man ein bisschen darauf achtet, ist das doch gut.

5. ○ Die meisten Kollegen mögen Frau Schröder nicht, aber ich finde sie eigentlich ganz nett.

   ● _____ kann ich die Kollegen gut verstehen. Sie ist

   wirklich irgendwie komisch.

Konnektoren: Temporalsätze

Fragewort	Beispiel
Wann? Wie lange? Gleichzeitigkeit: Hauptsatz **gleichzeitig mit** Nebensatz	*Immer **wenn** ich Radtouren <u>unternommen habe</u>, <u>hat</u> mich das Reisefieber gepackt.* **wenn:** wiederholter Vorgang in der Vergangenheit ***Als** ich 25 <u>war</u>, <u>bekam</u> ich großes Fernweh.* **als:** einmaliger Vorgang in der Vergangenheit ***Während** ich letzte Reisevorbereitungen <u>traf</u>, <u>verkaufte</u> ich meinen kompletten Hausrat.* **während:** andauernder Vorgang ***Solange** ich nicht zu Hause <u>war</u>, <u>war</u> ich einfach glücklich.* **solange:** gleichzeitiges Ende beider Vorgänge
Vorzeitigkeit: Nebensatz **vor** Hauptsatz	***Nachdem** ich das Abi <u>geschafft hatte</u>, <u>fuhr</u> ich per Anhalter durch Europa.*
Nachzeitigkeit: Nebensatz **nach** Hauptsatz	***Bevor** ich die Reise beginnen <u>konnte</u>, <u>brauchte</u> ich das notwendige Startkapital.*
Seit wann?	***Seitdem** ich nichts mehr <u>besitze</u>, <u>fühle</u> ich mich freier.*
Bis wann?	***Bis** die Reise beginnen <u>konnte</u>, <u>hat</u> es noch einen Monat <u>gedauert</u>.*

Zeitenwechsel bei *nachdem*

Gegenwart:	*Ich <u>fahre</u> per Anhalter durch Europa,* *nachdem ich das Abi <u>geschafft habe</u>.*	Präsens Perfekt
Vergangenheit:	*Ich <u>fuhr</u> per Anhalter durch Europa,* *nachdem ich das Abi <u>geschafft hatte</u>.*	Präteritum Plusquamperfekt

69 **Auslandsaufenthalt. Lesen Sie die Sätze. Welcher Konnektor passt? Kreuzen Sie an.**

1. ☐ Solange ☐ Nachdem ☐ Während ich die Schule beendet hatte, wusste ich erst mal nicht, was ich tun sollte.
2. ☐ Als ☐ Wenn ☐ Bis ich jünger war, wollte ich immer Medizin studieren. Aber das passte irgendwie nicht mehr.
3. Also entschied ich mich, eine lange Reise zu machen, ☐ seitdem ☐ solange ☐ bis ich wusste, wie es weitergehen sollte.
4. ☐ Nachdem ☐ Bevor ☐ Als ich losfahren konnte, musste ich aber erst mal ein bisschen Geld verdienen und habe in einer Fabrik gearbeitet.
5. ☐ Während ☐ Als ☐ Bis ich genug Geld zusammen hatte, machte ich mich auf den Weg nach Südamerika.
6. ☐ Wenn ☐ Während ☐ Nachdem ich in Brasilien, Chile und Peru unterwegs war, traf ich viele interessante Leute.
7. ☐ Nachdem ☐ Bis ☐ Seitdem ich drei Monate nur gereist war, lernte ich Pablo kennen, der mir ein Praktikum in seiner Werbeagentur anbot.
8. Es dauerte nicht lange, ☐ solange ☐ seitdem ☐ bis ich merkte, dass mir die Arbeit in der Grafikabteilung besonders viel Spaß machte, und ich beschloss, zu Hause Grafikdesign zu studieren.
9. ☐ Solange ☐ Bis ☐ Nachdem ich auf Reisen war, habe ich eigentlich nicht so viel an mein Leben in Berlin gedacht.
10. Nur ☐ wenn ☐ seitdem ☐ als ich mit meiner Familie geskypt habe, hatte ich immer ein bisschen Heimweh.
11. ☐ Während ☐ Seitdem ☐ Bis ich wusste, was ich studieren wollte, freute ich mich aber auch wieder auf zu Hause und war froh, ☐ als ☐ wenn ☐ bevor ich nach einem Jahr wieder in Berlin landete.

Satz

Konnektor: *während* B2K10M3

Der Konnektor *während* leitet Nebensätze ein und kann zwei unterschiedliche Bedeutungen haben:

temporale Bedeutung (Zeit)	adversative Bedeutung (Gegensatz)
Während man studiert, kann man durch Praktika unterschiedliche Berufe kennenlernen.	*Während einige schon früh einen festen Berufswunsch haben, probieren andere verschiedene Berufe aus.*

70 **In der Arbeit. Was passt zusammen? Ordnen Sie zu und entscheiden Sie dann, ob die *während*-Sätze eine temporale (t) oder adversative (a) Bedeutung haben.**

t a 1. _____ Während manche Kollegen ständig Überstunden machen,

t a 2. _____ Während man in einer Besprechung sitzt,

t a 3. _____ Während man noch studiert,

t a 4. _____ Während manche Menschen ihre Karriere genau planen,

t a 5. _____ Während die Leute früher oft lange in einer Firma geblieben sind,

t a 6. _____ Während man ein Praktikum macht,

t a 7. _____ Während ich mit meiner Stelle sehr zufrieden bin,

A sollte man keine E-Mails checken.

B entscheiden andere die nächsten Schritte immer spontan.

C wechseln Arbeitnehmer heute häufig die Stelle.

D überlegt mein Kollege, endlich den Beruf zu wechseln.

E gehen andere immer pünktlich nach Hause.

F kann man sehr leicht berufliche Kontakte knüpfen.

G kann man mit Nebenjobs Berufserfahrung sammeln.

Konnektoren: Kausal-, Konzessiv- und Konsekutivsätze B1+K4M3

Hauptsatz + Nebensatz: *Er ruft nicht um Hilfe, **obwohl** er Angst hat.*
Hauptsatz + Hauptsatz: *Nach Hilfe rufen war lächerlich, **denn** die Freunde waren nicht weit.*
Hauptsatz + Hauptsatz mit Inversion (Verb direkt hinter dem Konnektor): *Heute ist sein Geburtstag, **deshalb** feiern sie zusammen.*

	Grund (kausal)	Gegengrund (konzessiv)	Folge (konsekutiv)
Hauptsatz + Nebensatz	weil, da	obwohl	so ..., dass sodass
Hauptsatz + Hauptsatz	denn	✕	✕
Hauptsatz + Hauptsatz mit Inversion	✕	trotzdem	darum, daher, deswegen, deshalb

71 Zu spät. Welcher Konnektor passt? Ergänzen Sie.

denn	deswegen	trotzdem	da	obwohl	sodass

Ich musste heute Morgen ganz früh los, (1) _____ ich einen wichtigen Termin mit der Abteilungsleiterin – Frau Kelm – hatte. Ich war ein bisschen zu spät aufgestanden, (2) _____ ich mich wirklich beeilen musste. (3) _____ ich zur Bushaltestelle rannte, verpasste ich den Bus. Ich wurde ziemlich nervös, (4) _____ Frau Kelm mag es überhaupt nicht, wenn man nicht pünktlich ist. Es regnete in Strömen, (5) _____ beschloss ich, nicht auf den nächsten Bus zu warten, sondern zu Fuß zu gehen. Plötzlich hielt ein Auto neben mir und hupte. Es war Frau Kelm, die mich fragte, ob ich bei ihr mitfahren wolle! Ich war schon ganz durchnässt, (6) _____ stieg ich sofort ein. So kamen wir beide pünktlich zu unserem Termin.

72 Mein Büroalltag. Formen Sie die Sätze um und verwenden Sie die Konnektoren in Klammern.

1. Ich gehe früh ins Büro, weil ich mich morgens am besten konzentrieren kann. (denn)
2. Meine Kollegen quatschen dauernd, obwohl sie eigentlich viel zu tun haben. (trotzdem)
3. Morgens um sieben sind alle noch zu Hause, sodass ich in Ruhe arbeiten kann. (darum)
4. Zwischen 10 und 12 Uhr schaffe ich nicht viel, denn das Telefon klingelt ständig. (da)
5. Wir sitzen in einem Großraumbüro, deshalb hört man alle Gespräche der anderen. (sodass)
6. Der Lärm stört mich oft, trotzdem möchte ich nicht allein in einem Büro arbeiten. (obwohl)

Negative Konsekutivsätze   C1K5M1

Konsekutivsätze mit *zu …, um zu* und *zu …, als dass* drücken eine negative Folge aus. Sie bestehen aus zwei Teilen: *zu* steht im Hauptsatz vor einem Adjektiv oder Partizip, *um zu* und *als dass* leiten den Nebensatz ein. Nach *um zu* steht der Infinitiv, nach *als dass* steht das Verb im Konjunktiv II.

Konsekutivsatz mit *zu …, als dass* + Konjunktiv II	Konsekutivsatz mit *so …, dass* + Negation
Hinsichtlich der Datensicherheit wurde schon **zu** oft gelogen, **als dass** man den Betreibern von Netzwerken glauben könnte.	Hinsichtlich der Datensicherheit wurde schon **so** oft gelogen, **dass** man den Betreibern von Netzwerken **nicht** glauben kann.
Konsekutivsatz mit *zu …, um zu* + Infinitiv	**Konsekutivsatz mit *so …, dass …* + Negation**
Persönliche Daten sind **zu** wichtig, **um** sie bedenkenlos ins Netz **zu** stellen.	Persönliche Daten sind **so** wichtig, **dass** man sie **nicht** bedenkenlos ins Netz stellt.

73 Computer und mehr. Formulieren Sie Sätze.

1. Dieses Smartphone ist sehr teuer. Es wird kein Verkaufshit. (zu …, als dass)
2. Der Computer ist sehr alt. Man kann ihn nicht mehr verkaufen. (zu …, als dass)
3. Das Programm ist sehr kompliziert. Man kann sich nicht schnell einarbeiten. (zu …, als dass)
4. Das Internet ist sehr unsicher. Man sollte nicht alle persönlichen Daten öffentlich machen. (zu …, als dass)
5. Die Datenmenge ist sehr groß. Man kann den Film nicht auf dem Handy ansehen. (zu …, um … zu)
6. Online-Netzwerke sind sehr verbreitet. Man kann sie nicht ignorieren. (zu …, um … zu)

Satz

Finalsätze

Finale Nebensätze drücken ein Ziel oder eine Absicht aus.
Sie geben Antworten auf die Frage *Wozu?* oder in der gesprochenen Sprache auch oft auf die Frage *Warum?*.

Gleiches Subjekt in Haupt- und Nebensatz → Nebensatz mit *um … zu* oder *damit*	
Klingeln Sie, **damit** *Sie auf sich aufmerksam machen.*	Im Nebensatz mit *damit* muss das Subjekt genannt werden.
Klingeln Sie, **um** *auf sich aufmerksam* **zu** *machen.*	Im Nebensatz mit *um … zu* entfällt das Subjekt, das Verb steht im Infinitiv.
Unterschiedliche Subjekte in Haupt- und Nebensatz → Nebensatz immer mit *damit*	
Klingeln Sie, **damit** *andere Personen Sie hören.*	
Hauptsatz mit *zum* + nominalisierter Infinitiv	
Ich nehme ein feuchtes Taschentuch **zum Reinigen** *der Tastatur.*	Alternative zu *um … zu* oder *damit* (bei gleichem Subjekt in Haupt- und Nebensatz): *Ich nehme ein feuchtes Taschentuch, um die Tastatur zu reinigen.*

Der Akkusativ im Satz mit *um … zu* wird beim nominalisierten Infinitiv oft zum Genitiv:
um **das Buch** *zu lesen* → *zum Lesen* **des Buches**

wollen, sollen und *möchten* stehen nie in Finalsätzen:
Ich hebe Geld ab. Ich will das Monokular kaufen. → *Ich hebe Geld ab, um das Monokular zu kaufen.*

74 **Höflichkeit. Welche Sätze sind richtig? Kreuzen Sie an. Es können auch beide Sätze richtig sein.**

1. Telefonieren Sie in der Öffentlichkeit nicht zu laut,
   - [a] damit andere Leute sich nicht gestört fühlen.
   - [b] um andere Leute sich nicht gestört zu fühlen.
2. Parken Sie nicht auf dem Gehweg,
   - [a] damit Sie Menschen im Rollstuhl oder mit Kinderwagen nicht behindern.
   - [b] um Menschen im Rollstuhl oder mit Kinderwagen nicht zu behindern.
3. Reden Sie im Kino nicht,
   - [a] damit alle Leute den Film genießen können.
   - [b] um alle Leute den Film genießen zu können.
4. Grüßen Sie immer Ihre Nachbarn,
   - [a] damit Sie nicht unhöflich wirken.
   - [b] um nicht unhöflich zu wirken.
5. Kommen Sie pünktlich zu Verabredungen,
   - [a] damit niemand auf Sie warten muss.
   - [b] um niemand auf Sie warten zu müssen.

75 **In der Sprachschule. Bilden Sie Sätze mit *um … zu*. Wenn das nicht möglich ist, formulieren Sie Sätze mit *damit*.**

1. die Dozenten erklären die Grammatik genau – die Studenten begreifen sie
2. die Studenten machen die Hausaufgaben – sie üben die neue Grammatik
3. das Institut hat eine Cafeteria – die Studenten können etwas essen und trinken
4. die Studenten schreiben Karteikarten – sie prägen sich die Wörter besser ein
5. die Dozenten verteilen viele Arbeitsblätter – die Studenten bereiten sich gut auf die Prüfung vor
6. das Institut fragt die Studenten nach ihrer Meinung – es will sein Angebot weiter verbessern

76 **Was ich alles mache. Formulieren Sie die Finalsätze in *zum* + nominalisierten Infinitiv um.**

1. Ich lese oder sehe fern, um mich zu entspannen. → *zum Entspannen*
2. Ich rufe eine Freundin an, um zu quatschen. → _____
3. Ich fahre den Computer hoch, um einige Mails zu schreiben. → _____
4. Ich gehe in den Supermarkt, um einzukaufen. → _____
5. Ich trinke einen Kaffee, um aufzuwachen. → _____

Konnektoren *um zu*, *ohne zu* und *(an)statt zu* + Infinitiv und Alternativen   B2K3M3

Bedeutung	*um/ohne/(an)statt + zu +* Infinitiv: gleiches Subjekt im Haupt- und Nebensatz	*damit, ohne dass, (an)statt dass*: unterschiedliche Subjekte im Haupt- und Nebensatz*	Alternativen
Absicht, Ziel, Zweck (final)	Ich rufe an, **um** das Team-event **zu** buchen.	Ich rufe an, **damit** die Firma ein Angebot erstellt.	Ich rufe an, **weil** ich das Teamevent buchen **möchte**. Ich rufe **zum** Buchen des Teamevents an.
Einschränkung (restriktiv)	Ich habe lange gewartet, **ohne** ein Angebot **zu** bekommen.	Ich habe lange gewartet, **ohne dass** die Firma ein Angebot geschickt hat.	Ich habe lange gewartet, **aber** ich habe das Angebot **nicht** bekommen. Ich habe lange gewartet, **trotzdem** habe ich das An-gebot nicht bekommen.
Alternative oder Gegensatz (alternativ oder adversativ)	**(An)statt** lange **zu** tele-fonieren, könntest du das Angebot fertig machen.	**(An)statt dass** wir lange tele-fonieren, könnten Sie mir das Angebot per Mail schicken.	Sie haben **nicht** telefoniert, **sondern** die Firma hat das Angebot per Mail geschickt.

* *damit* verwendet man auch bei gleichem Subjekt (*Ich rufe an, damit ich das Teamevent buchen kann.*).
ohne dass und *anstatt dass* wird selten bei gleichem Subjekt verwendet.

77 Ärger in der Firma. Ergänzen Sie die Konnektoren *um … zu*, *ohne … zu* oder *anstatt … zu*.

1. Die Mitarbeiter treffen sich zum Meeting, _____ über Konflikte sprechen _____ können.

2. Die Kollegen sollen miteinander reden, _____ sich übereinander _____ beschweren.

3. _____ diese Möglichkeit _____ nutzen, sind viele Kollegen einfach nicht gekommen.

4. Aber man kann viele Konflikte nicht lösen, _____ mit allen Beteiligten _____ sprechen.

5. Der Chef sagt den nächsten Termin ab, _____ den Mitarbeitern Bescheid _____ geben.

6. Die Teamleitung sollte sich mal etwas überlegen, _____ die Mitarbeiter wieder _____ motivieren.

78 Formulieren Sie die Sätze aus Aufgabe 77 um und verwenden Sie die Konnektoren *damit*, *ohne dass* und *anstatt dass*.

1. Die Mitarbeiter treffen sich zum Meeting, damit sie über Konflikte sprechen können.

_____

_____

_____

_____

_____

Satz

Infinitivsätze in Gegenwart und Vergangenheit

dass-Satz in der Gegenwart → Infinitiv Präsens	
Aktiv	
Die Moderatorin bittet Frau Dr. Schill,	**dass** sie den Zuhörern eine Definition für Placebos <u>gibt</u>. → den Zuhörern eine Definition für Placebos **zu** <u>geben</u>.
Passiv	
Es ist für die Patienten wichtig,	**dass** sie über die Wirksamkeit des Präparats <u>informiert werden</u>. → über die Wirksamkeit des Präparats <u>informiert</u> **zu** <u>werden</u>.
dass-Satz in der Vergangenheit → Infinitiv Perfekt	
Aktiv	
Die Forschung ist der Ansicht,	**dass** sie interessante Erkenntnisse <u>gewonnen hat</u>. → interessante Erkenntnisse <u>gewonnen</u> **zu** <u>haben</u>.
Patienten berichten,	**dass** sie für die Gespräche sehr dankbar <u>gewesen sind</u>. → für die Gespräche sehr dankbar <u>gewesen</u> **zu** <u>sein</u>.
Passiv	
Viele erinnern sich sicher,	**dass** sie bei Schmerzen <u>getröstet worden sind</u>. → bei Schmerzen <u>getröstet worden</u> **zu** <u>sein</u>.

Die Umformung in einen Infinitivsatz ist nur möglich, wenn das Subjekt des dass-Satzes mit einer Ergänzung im Hauptsatz identisch ist oder das Subjekt des dass-Satzes das Indefinitpronomen *man* ist.
Es ist sinnvoll, **dass man** *den Einfluss von Placebos auf die Heilung* <u>untersucht</u>.
     → *den Einfluss von Placebos auf die Heilung* **zu** <u>untersuchen</u>.

Bildung des Infinitivs

	Aktiv	**Passiv**
Präsens	*zu* + Infinitiv	Partizip II + *zu werden*
Perfekt	Partizip II + *zu haben / zu sein*	Partizip II + *worden zu sein*

Im Präsens verwendet man dass-Sätze und Infinitivsätze auch mit Modalverben:
Der Arzt bestätigt, **dass** *er den Patienten mit Placebos* <u>heilen kann</u>.
     → *den Patienten mit Placebos* <u>heilen</u> **zu** <u>können</u>.
In der Vergangenheit wird der Infinitiv mit Modalverb selten verwendet. Meistens werden dass-Sätze mit Modalverb im Präteritum bevorzugt.
Der Arzt bestätigt, **dass** *er den Patienten* <u>heilen</u> <u>konnte</u>.
     → *den Patienten* <u>geheilt</u> <u>haben</u> **zu** <u>können</u>.

79 **Im Krankenhaus. Formen Sie die dass-Sätze in Infinitivsätze um und umgekehrt. Achten Sie auf Aktiv/Passiv und Gegenwart/Vergangenheit.**

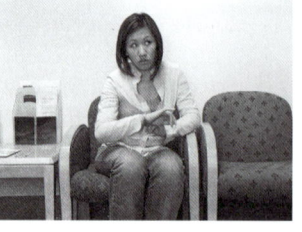

1. Die Patientin gibt an, nach ihrem Unfall sofort in die Klinik gefahren zu sein.
2. Sie hatte Angst, dass sie eine schwere innere Verletzung hat.
3. Die Patientin beschwert sich darüber, dass sie drei Stunden in der Notaufnahme gewartet hat.
4. Sie ist außerdem der Meinung, nicht gründlich untersucht worden zu sein.
5. Der behandelnde Arzt versichert, alle notwendigen Untersuchungen durchgeführt zu haben.
6. Er machte auch den Vorschlag, dass man die Patientin zur Sicherheit stationär aufnimmt.
7. Die Patientin äußerte aber den Wunsch, dass sie aus dem Krankenhaus entlassen wird.
8. Sie berichtet, dass sie von einem Taxi nach Hause gebracht worden ist.
9. Der Arzt hat der Patientin empfohlen, dass sie am nächsten Tag den Hausarzt aufsucht.
10. Die Patientin gibt zu, ein bisschen überreagiert zu haben.

Zweiteilige Konnektoren

Aufzählung	Jetzt habe ich **nicht nur** nette Kollegen, **sondern auch** interessantere Aufgaben. Ich muss mich **sowohl** um das Design **als auch** um die Produktion kümmern.
„negative" Aufzählung	Ich habe **weder** in der Zeitung **noch** im Internet eine neue Stelle gefunden.
Vergleich	**Je** mehr Absagen ich bekam, **desto/umso** frustrierter wurde ich.
Alternative	**Entweder** kämpft man sich durch das Praktikum **oder** man findet wohl nie eine Stelle.
Gegensatz/ Einschränkung	Im Praktikum verdiene ich **zwar** nichts, **aber** ich sammle Berufserfahrung. **Einerseits** hat mir der Job gefallen, **andererseits** suche ich neue Herausforderungen.

Zweiteilige Konnektoren können Sätze oder Satzteile verbinden. *weder … noch, nicht nur …, sondern auch* und *sowohl … als auch* verbinden meistens Satzteile.

Zwischen diesen zweiteiligen Konnektoren steht immer ein Komma:
nicht nur …, sondern auch – je …, desto/umso – zwar …, aber – einerseits …, andererseits

80 **Sich auf eine Stelle bewerben. Verbinden Sie die Sätze mit den Konnektoren in Klammern.**

1. Man kann sich auf eine Stellenanzeige bewerben. Man schickt eine Initiativbewerbung. (entweder … oder)
2. Bei einer Bewerbung muss man auf den Inhalt achten. Das äußere Erscheinungsbild ist wichtig. (nicht nur …, sondern auch)
3. Im Bewerbungsschreiben sollten keine Floskeln stehen. Es sollte auch keine Fehler geben. (weder … noch)
4. Man sollte sich auf ein Vorstellungsgespräch gut vorbereiten. Man sollte entspannt bleiben. (einerseits …, andererseits)
5. In einem Vorstellungsgespräch sollte man sich selbst positiv präsentieren. Man sollte Fragen zur Stelle stellen. (sowohl … als auch)
6. Bei einem Praktikum verdient man nicht viel. Man kann bei der nächsten Bewerbung erste Berufserfahrungen angeben. (zwar …, aber)
7. Man hat viel Berufserfahrung. Man findet schnell eine Stelle. (je …, desto)

Modalsätze

Mit Modalsätzen wird die Art und Weise ausgedrückt, wie etwas geschieht.

Der Konnektor **dadurch, dass** hat zwei Teile: *dadurch* steht im Hauptsatz, *dass* leitet den Nebensatz ein.

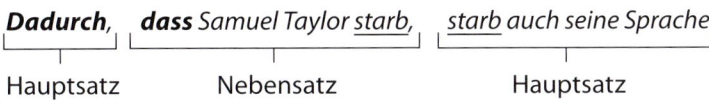

Sprachen sterben **dadurch,**   **dass** *eine Muttersprache nicht an die Kinder weitergegeben wird.*

      Hauptsatz   Nebensatz

Dadurch,   **dass** *Samuel Taylor starb,*   *starb auch seine Sprache.*

Hauptsatz   Nebensatz   Hauptsatz

Oft hat der Konnektor *dadurch, dass* auch eine kausale Bedeutung und entspricht einem Nebensatz mit *weil*:
Dadurch, dass *Samuel Taylor starb, starb auch seine Sprache.* = **Weil** *Samuel Taylor starb, starb auch seine Sprache.*

Der Konnektor **indem** leitet einen modalen Nebensatz ein und beschreibt oft das Instrument oder Mittel einer Handlung: *Oft schafft man eine genaue Übersetzung auch nicht,* **indem** *man ein Wörterbuch benutzt.*

Der modale Konnektor *indem* wird immer zusammengeschrieben und sollte nicht mit Relativsätzen mit der Präposition *in* verwechselt werden: *Die Übersetzung schafft man nur mit einem Wörterbuch, in dem alle Bedeutungen der Wörter aufgelistet sind.*

81 Eine gemütliche Wohnung. Bilden Sie Modalsätze.

1. indem: eine Wohnung gemütlich gestalten können – die Wände in warmen Farben streichen
2. dadurch, dass: eine schöne Atmosphäre schaffen – die Wohnung ansprechend dekorieren
3. indem: der Wohnung eine persönliche Note geben – Fotos und Bilder aufhängen
4. dadurch, dass: die Wohnung zu etwas Besonderem machen – kleinere Möbel selbst bauen
5. indem: ein eigenes Regal bauen können – alte Obstkisten streichen und stapeln
6. dadurch, dass: der Wohnung Frische geben – Blumen und Pflanzen in den Räumen verteilen
7. indem: Ordnung in die Wohnung bringen – regelmäßig Unnötiges aussortieren
8. dadurch, dass: kleine Räume wirken größer – sie sparsam und hell möblieren

1. Man kann eine Wohnung gemütlich gestalten, indem man die Wände in warmen Farben streicht.

Relativsätze   B1+K7M3/B2K4M1

Relativpronomen *der, die, das*

Genus und Numerus des Relativpronomens richten sich nach dem Bezugswort.
Der Kasus richtet sich nach dem Verb im Relativsatz oder der Präposition.

*Sie war die erste Frau, **die** ich getroffen habe.*   *Sie war die erste Kollegin, **mit der** ich gearbeitet habe.*
                          + Akk.   **mit** + Dat.

Das Relativpronomen im Genitiv hat dieselbe Funktion wie ein Possessivpronomen.

*Sie ist eine gute Freundin. Ich kann **ihren** Rat immer gut brauchen.*
*Sie ist eine gute Freundin, **deren** Rat ich immer gut brauchen kann.*

Relativpronomen

	Singular			Plural
Nominativ	der	das	die	die
Akkusativ	den	das	die	die
Dativ	dem	dem	der	**denen**
Genitiv	**dessen**	**dessen**	**deren**	**deren**

Relativpronomen *wo, wohin, woher*

Gibt ein Relativsatz einen Ort, eine Richtung oder einen Ausgangspunkt an, kann man statt Präposition und Relativpronomen *wo, wohin, woher* verwenden. Bei Städte- und Ländernamen benutzt man immer *wo, wohin, woher.*

Ich habe Anne in der Stadt kennengelernt,   *… **wo** wir gearbeitet haben.*   Ort
                                              *… **wohin** ich gezogen bin.*   Richtung
                                              *… **woher** mein Kollege kommt.*   Ausgangspunkt

Relativpronomen *was*

Stehen die Pronomen *das, etwas, alles* und *nichts* im Hauptsatz, dann verwendet man das Relativpronomen *was.*
*Das, **was** du suchst, gibt es nicht.*
*Meine Beziehung ist etwas, **was** mir viel bedeutet.*

Relativsätze mit *wer*

Relativsätze mit *wer* beschreiben eine unbestimmte Person näher. Der Nebensatz beginnt mit dem Relativpronomen *wer*, der Hauptsatz mit dem Demonstrativpronomen *der.* Der Kasus der Pronomen richtet sich nach dem Verb im jeweiligen Satz. Wenn beide Pronomen im gleichen Kasus stehen, kann *der/den/dem* entfallen.

Nominativ	*wer*		**Akkusativ**	*wen*		**Dativ**	*wem*

Bildung

Jemand	hat Eintragungen bei der Polizei.	Er	hat sich seine Zukunft verbaut.
Wer Nominativ	Eintragungen bei der Polizei hat,	**[der]** Nominativ	hat sich seine Zukunft verbaut.
Jemand	kommt ins Taekwondo-Training.	Ihn	bringt der Trainer nicht zur Polizei.
Wer Nominativ	ins Taekwondo-Training kommt,	**den** Akkusativ	bringt der Trainer nicht zur Polizei.
Jemandem	bringt der Trainer Taekwondo bei.	Er	lernt Respekt und Fairness.
Wem Dativ	der Trainer Taekwondo beibringt,	**der** Nominativ	lernt Respekt und Fairness.

▸ B1plus **82 Wichtig für mich. Ergänzen Sie die Relativpronomen und, wenn nötig, eine Präposition.**

1. Tina ist meine Schwester, _____ ich über alles sprechen kann.

2. Boris ist mein Freund, _____ ich mich letztes Jahr verliebt habe.

3. Lisa ist meine beste Freundin, _____ ich mindestens dreimal pro Woche treffe.

4. Nick ist mein Neffe, _____ ich manchmal bei den Hausaufgaben helfe.

5. Pepo ist mein Hund, _____ sich die ganze Familie kümmert.

6. Leon und Fabian sind Kollegen, _____ ich oft nach der Arbeit ausgehe.

7. Tim ist ein alter Freund, _____ Humor ich besonders mag.

8. Sarah ist eine gute Freundin, _____ ich mich immer verlassen kann.

9. Rosa ist meine Cousine, _____ Hilfsbereitschaft enorm ist.

10. Herr Sauer ist mein Nachbar, _____ im Urlaub meine Katze füttert.

▸ B1plus **83 Freundschaften. Welches Relativpronomen passt? Markieren Sie.**

1. Freundschaft ist etwas, *das / was* für mich sehr wichtig ist.
2. Die meisten meiner Freunde leben noch in dem Ort, *woher / wo* ich aufgewachsen bin.
3. Das, *was / das* ich am meisten an ihnen schätze, ist ihre Zuverlässigkeit und ihr Humor.
4. Alles, *was / das* wir zusammen unternehmen, ist lustig.
5. Bielefeld, *wo / wohin* ich vor zwei Jahren gezogen bin, liegt zum Glück nur 30 Kilometer entfernt.
6. Meine Freundin Ella hat ein Ferienhaus, *woher / wohin* wir jedes Jahr alle zusammen fahren.

▸ B2 **84 Taekwondo und Co. Ergänzen Sie die richtige Form von *wer* und *der*.**

1. _____ Kampfsport interessiert, _____ kann sich bei Vereinen über Trainingszeiten informieren.

2. _____ der Sport gefällt, _____ kann richtig erfolgreich werden.

3. _____ einen Kampfsport trainiert, _____ lernt auch, diszipliniert zu sein.

4. _____ regelmäßig übt, _____ gelingen auch die schwierigsten Bewegungsabläufe.

5. _____ Talent hat, _____ unterstützen die Trainer besonders.

Satz

Weiterführende Nebensätze

Weiterführende Nebensätze beziehen sich auf die Gesamtaussage des Hauptsatzes, die so kommentiert oder weitergeführt wird.
Die Nebensätze werden mit *was, wo(r)* + Präposition oder *weshalb/weswegen* eingeleitet und stehen immer nach dem Hauptsatz.

Der Mensch kann nicht erfolgreich mehrere Dinge auf einmal tun,	**was** Wissenschaftler in neuen Untersuchungen bestätigen.
Beim Arbeiten werde ich ständig unterbrochen,	**worüber** ich mich oft ärgere.
Durch Multitasking wird viel Zeit verschwendet,	**weswegen** man es vermeiden sollte.

85 **Multitasking. Formen Sie die Sätze um und bilden Sie weiterführende Nebensätze.**

1. Viele Menschen machen mehrere Dinge gleichzeitig. Das führt oft zu Fehlern.
2. Meine Kollegin schreibt während wichtiger Gespräche E-Mails. Darüber haben sich schon viele beschwert.
3. Mein Chef ist auch immer mit mehreren Dingen beschäftigt. Deswegen hört er oft nicht richtig zu.
4. Ich versuche, mich auf eine Sache zu konzentrieren. Dadurch bin ich viel effektiver.
5. Viele Leute telefonieren auch beim Autofahren. Deshalb passieren häufig Unfälle.
6. Durch die eigene Unachtsamkeit kann man anderen schaden. Daran denken manche Menschen scheinbar nicht.

1. Viele Menschen machen mehrere Dinge gleichzeitig, was …

86 **Zu wenig Zeit. Ergänzen Sie *was, wo(r)* + Präposition oder *weshalb*.**

Herr H. klagt immer über zu wenig Zeit. Er macht oft Überstunden,

(1) _____ er an vielen Abenden erst spät nach Hause

kommt. Dann ist er zu müde, etwas zu unternehmen,

(2) _____ sich seine Frau sehr ärgert.

Zweimal pro Woche geht er abends zum Sport, (3) _____ ihm

hilft, den Stress im Büro zu vergessen. Herr H. hat mehrmals

versucht, mit seinem Chef über die Situation zu sprechen,

(4) _____ aber nichts geändert hat. Ab nächsten Monat be-

kommt er allerdings ein eigenes Büro, (5) _____ er

sehr froh ist. Er hofft, dann konzentrierter und effektiver arbeiten zu können.

Am Wochenende verabreden sich seine Frau und er mit Freunden, (6) _____ für beide wichtig ist.

Andererseits wünscht sich Herr H. auch mal ein Wochenende ohne Verpflichtungen, (7) _____ er

und Frau H. manchmal streiten.

Im Sommer macht Herr H. drei Wochen Urlaub. Da kann er endlich mal gar nichts machen, (8) _____

er sich jetzt schon freut.

Vergleichssätze

Vergleichssätze mit *als* und *wie*

Nebensätze mit *als* und *wie* drücken einen Vergleich aus. Sie hängen immer von einem Adjektiv ab. Das Verb steht am Ende.
Vergleichssätze werden bei Gleichheit mit *wie*, bei Ungleichheit und nach *ander(e)s* mit *als* eingeleitet:
1. Gleichheit: *so/genauso* + Grundform + *wie*
2. Ungleichheit: Komparativ + *als*, anders + *als* oder *etwas/nichts anderes* + *als*

Botschaften der Körpersprache nehmen wir **so schnell** *wahr,* **wie** *wir gesprochene Sprache aufnehmen.*
Wir achten instinktiv viel **mehr** *auf die Körpersprache,* **als** *wir meinen.*
Körpersignale aus anderen Kulturen bedeuten oft etwas **anderes**, *als man denkt.*

Vergleichssätze mit *je …, desto/umso …*

Je eindeutiger die Signale <u>sind</u>,	***desto/umso*** besser <u>verstehen</u> wir sie.
Nebensatz	Hauptsatz
je + Komparativ	desto/umso + Komparativ

Vergleichssätze mit *je …, desto/umso …* haben oft konditionale Bedeutung.
Wenn die Signale eindeutig sind, (dann) verstehen wir sie besser.

Irreale Vergleichssätze mit *als*, *als ob* und *als wenn*

Sätze mit *als*, *als ob* und *als wenn* drücken einen irrealen Vergleich aus. Deswegen wird der Konjunktiv II verwendet.
Der Vergleichssatz kann dem Hauptsatz nicht vorangestellt werden.

Vergleichssätze mit *als ob* und *als wenn*

Hauptsatz	Nebensatz
Die Kollegen tun immer so,	***als ob*** *sie alle perfekt <u>wären</u>.*
Es scheint so,	***als wenn*** *wir uns schon lange kennen <u>würden</u>.*

Vergleichssätze mit *als*

Hauptsatz	Hauptsatz
Der Chef behandelt uns,	***als*** <u>*wären*</u> *wir gleichberechtigte Partner.*

Irreale Vergleichssätze stehen nach Verben des Wahrnehmens, Fühlens und Verhaltens:
Ich fühle mich, …   *Ich habe das Gefühl, …*
Es kommt mir so vor, …   *Es sieht so aus, …*
Es hört sich so an, …   *Er benimmt sich, …*
Er verhält sich, …

87 **In der Wirtschaft. Verbinden Sie die Sätze mit *je …, desto*.**

1. Die Prognosen für die Wirtschaft sind positiv. Investitionen werden oft getätigt.
2. Eine Marke ist bekannt. Die Verkaufszahlen sind gut.
3. Eine Werbestrategie ist ausgefallen. Viele Leute kennen das Produkt.
4. Die Produkte sind beliebt bei den Käufern. Die Umsatzzahlen sind hoch.
5. Ein Produkt ist hochwertig. Es hält lange.

1. Je positiver die Prognosen für die Wirtschaft sind, desto …

88 Kultur pur! Was passt? Kreuzen Sie an.

1. ○ Sag mal, wie findest du eigentlich den neuen Film von Til Schweiger? Der ist nicht so lustig, ☐ wie ☐ als in der Presse geschrieben wurde, oder?
   ● Ach, er ist auf jeden Fall besser, ☐ wie ☐ als ich erwartet habe.

2. ○ Hast du die Foto-Ausstellung im Stadtmuseum gesehen? Ich fand sie nicht so interessant, ☐ wie ☐ als alle gesagt haben.
   ● Echt? Da hat man doch außergewöhnlichere Fotos sehen können, ☐ wie ☐ als sonst so gezeigt werden.

3. ○ Hast du eigentlich den aktuellen Krimi von Jörg Maurer schon gelesen? Der ist noch spannender, ☐ wie ☐ als ich gehofft hatte. Ich bin echt ein Riesenfan.
   ● Ehrlich gesagt denke ich, der ist lange nicht so gut geschrieben, ☐ wie ☐ als alle behaupten.

4. ○ Gehen wir heute Abend in dieses neue Restaurant am Marktplatz?
   ● Ich war letzte Woche schon mal dort. Das Essen ist echt viel leckerer, ☐ wie ☐ als die Kritiker meinen. Aber man muss leider auch mehr ausgeben, ☐ wie ☐ als man das normalerweise tut.

5. ○ Das Schwimmbad hat heute zu. Wir müssen irgendetwas anderes machen, ☐ wie ☐ als wir geplant haben.
   ● Dann lass uns doch ins Kino gehen. Dann ist der Nachmittag zwar nicht so aktiv, ☐ wie ☐ als ich es mir vorgestellt hatte, aber trotzdem schön.

89 Die lieben Kollegen. Welche Sätze passen zusammen? Ordnen Sie zu.

A als wenn er sich nichts leisten könnte.	B als wären andere dafür verantwortlich.
C als ob er alle Mitarbeiter mögen würde.	D als wenn sie sehr kreativ wäre.
E als wären sie sehr interessant.	F als ob sie ständig Überstunden machen würde.

____ 1. Frau Binske aus der Buchhaltung geht jeden Tag pünktlich nach Hause, aber sie tut so, …

____ 2. Der Chef verdient viel Geld, aber er benimmt sich immer so, …

____ 3. Frau Linde kopiert oft Ideen von anderen, aber sie tut ständig so, …

____ 4. Die Präsentationen von Herrn Peters sind immer langweilig, aber alle tun so, …

____ 5. Frau Pauli vergisst oft wichtige Dinge, aber sie verhält sich dann so, …

____ 6. Herr Schmidt spricht oft schlecht über Kollegen, aber er tut immer so, …

90 Die Leute in meinem Haus. Formulieren Sie irreale Vergleichssätze im Konjunktiv II.

1. Frau Mayr telefoniert immer so laut auf dem Balkon, (als / wohnen / allein in der Straße)
2. Herr Schnürlein kontrolliert immer alles, (als wenn / ihm / das Haus / gehören)
3. Die Studenten in der WG machen die Musik immer so laut, (als ob / sie / schwerhörig sein)
4. Das Baby von Familie Bauer weint, (als ob / es / immer / Hunger haben)
5. Bei Hugo Walter ist immer alles dunkel, (als / er / nie / zu Hause sein)
6. Ulla Fritz stellt ihr Fahrrad immer direkt vor die Haustür, (als wenn / dort / niemand / rein- und rausgehen müssen)
7. Der Hausmeister pfeift immer so laut im Hof, (als / ihn / niemand / hören)

1. Frau Mayr telefoniert immer so laut auf dem Balkon, als würde sie allein in der Straße wohnen.

Konnektoren

Konnektoren machen Texte flüssiger und abwechslungsreicher.

Konditionale Konnektoren

Konnektor	leitet ein	Bedeutung	Beispiel
wenn	Nebensatz	Bedingung	*Ich achte nicht auf die Zeit, **wenn** ich einen spannenden Krimi lese.*
falls			*Ändere deine Routinen, **falls** die Zeit zu schnell vergeht.*
außer wenn	Nebensatz	Bedingung, die die vorangehende Aussage einschränkt (= *wenn … nicht*)	*Die Zeit vergeht schnell, **außer wenn** man jung ist.*
es sei denn	Hauptsatz		*Die Zeit vergeht schnell, **es sei denn**, man ist jung.*

Konsekutive, adversative und temporale Konnektoren

Diese Konnektoren leiten immer einen Hauptsatz ein.

Konnektor	Bedeutung	Beispiel
dann	meist positive Folge	*Man muss auch mal nichts tun, **dann** kommen viele neue Gedanken.*
demnach	Folge	*Routinen lassen die Zeit schnell vergehen, **demnach** sollten wir sie vermeiden.*
folglich		*Viele denken heute schon an morgen, **folglich** spüren sie die Gegenwart kaum.*
infolgedessen		*Viele denken heute schon an morgen, **infolgedessen** spüren sie die Gegenwart kaum.*
somit		*Ein Kind erlebt täglich Neues, **somit** empfindet es die Zeit sehr intensiv.*
andernfalls	negative Folge	*Auch mal nichts zu tun ist wichtig, **andernfalls** kommt man seltener auf neue Ideen.*
sonst		*Der Mensch braucht Abwechslung im Leben, **sonst** wird ihm langweilig.*
allerdings	Einschränkung	*Ein Künstlerleben bedeutet finanzielle Unsicherheit. **Allerdings** will ich ohne dieses Kribbeln, wenn ich meine Ideen entwickle, nicht leben.*
dagegen	Gegensatz	*Meine Freunde haben alle Karriere gemacht. **Dagegen** dreht sich bei mir immer noch alles darum zu überleben.*
demgegenüber		*Die Karriere winkt am Horizont. **Demgegenüber** steht die harte Realität.*
stattdessen		*Ich hätte einfach Medizin studieren können. **Stattdessen** habe ich mich für die oft brotlose Kunst entschieden.*
vielmehr		*Mit Romantik hat ein Künstlerleben wenig zu tun. **Vielmehr** ist es vor allem harte Arbeit.*
bis dahin	Zeit	*Noch kann ich von meiner Kunst nicht leben. **Bis dahin** brauche ich noch die finanzielle Unterstützung meiner Eltern.*
daraufhin		*Neulich habe ich ein Bild verkauft. **Daraufhin** habe ich mir gleich viele neue Materialien angeschafft.*
gleichzeitig		*Manchmal bin ich ein bisschen verzweifelt. **Gleichzeitig** bekomme ich viele positive Reaktionen auf meine Werke.*
inzwischen		*Künstler haben einen unsicheren Weg gewählt. **Inzwischen** setzen viele Schulen deshalb auf eine möglichst breite Ausbildung.*
mittlerweile		*Manchmal frage ich mich, ob das der richtige Weg ist. **Mittlerweile** haben meine alten Freunde alle Karriere gemacht.*
währenddessen		*Eine Ausbildung im Kunstbereich verlangt einem einiges ab. **Währenddessen** sollte man sich bereits ein breites Netzwerk aufbauen.*

Satz

91 Ergänzen Sie die Konnektoren *falls*, *außer wenn* und *es sei denn*.

Lieber Tom,

danke für deine Mail und die Einladung. (1) _____ ich am Freitagnachmittag Zeit

habe, komme ich gern zu deiner Gartenparty. Aber vielleicht muss ich länger im Büro bleiben.

Normalerweise arbeite ich nur bis um 15 Uhr, (2) _____ jemand krank ist, und

heute hat sich leider meine Kollegin krank gemeldet. Mal sehen, ob sie morgen wieder da ist.

Ich würde auch gern meinen Freund mitbringen, (3) _____, das ist dir nicht recht.

(4) _____ das so ist, gib mir doch noch mal Bescheid. Findet denn die Party auch

statt, (5) _____ es regnet?

Ich mache einen Salat, (6) _____ schon die anderen Gäste Salate mitbringen.

Dann backe ich einen Kuchen, auch kein Problem. Kann man bei euch eigentlich gut parken? Ich

würde nämlich mit dem Auto kommen, (7) _____, es gibt überhaupt keine

Parkplätze bei euch in der Straße.

Liebe Grüße und bis Freitag (hoffentlich)

Josephine

92 Ein kreativer Beruf. Welcher Konnektor passt? Kreuzen Sie an.

Von einem kreativen Beruf habe ich schon während der Schule geträumt. __1__ habe ich nach dem Abitur zunächst Mathe und Geschichte auf Lehramt studiert. __2__ wurde mir immer klarer, dass der Lehrerberuf doch
5 nicht das Richtige für mich ist.
Meine Eltern waren natürlich nicht begeistert, als ich das Studium abgebrochen habe. Sie bestanden darauf, dass ich eine Ausbildung mache. __3__ hätten sie mir die finanzielle Unterstützung gekürzt. __4__ stand mein
10 Wunsch, erst mal eine Auszeit zu nehmen, um herauszufinden, was ich wirklich machen will. __5__ musste ich mit meinen Eltern einen Kompromiss finden. Wir einigten uns darauf, dass ich erst mal durch verschiedene Praktika in einige Berufe reinschnuppere.
15 __6__ bewarb ich mich bei einer Modedesignerin, einem Goldschmied und in einer Werbeagentur um eine Praktikumsstelle. Alle drei sagten zu, sodass ich drei Praktika hintereinander absolvierte. Am interessantesten war die Zeit bei der Modedesignerin und ich entschied,
20 mich bei einer Modeschule zu bewerben. Das nächste Aufnahmeverfahren fand einige Monate später statt. __7__ musste ich an einer Mappe mit eigenen Entwürfen arbeiten. Leider klappte es dann nicht gleich beim ersten Mal. __8__ brauchte ich vier Versuche, bis mich
25 endlich eine Schule annahm.

Die Ausbildung dauerte vier Jahre. In der Zeit habe ich sehr viel gelernt. __9__ habe ich viele interessante Leute kennengelernt; an meiner Schule waren einige bekannte Designer als Gastdozenten. Bei einem habe ich nach
30 der Ausbildung drei Jahre gearbeitet. Außerdem traf ich Sanne, mit der ich heute eine eigene kleine Firma habe. Die ersten Jahre waren hart, aber dann haben wir einige Design-Wettbewerbe gewonnen. __10__ sind wir relativ bekannt geworden und ganz gut ins Geschäft
35 gekommen. __11__ können wir von unserer Mode gut leben und ich bin froh, dass ich diesen Weg gegangen bin. __12__ würde ich jetzt in einem sicheren Beruf arbeiten, wäre aber wahrscheinlich nicht sehr glücklich.

1.	**4.**	**7.**	**10.**
a Allerdings	a Dann	a Andernfalls	a Allerdings
b Demnach	b Demgegenüber	b Bis dahin	b Dagegen
c Gleichzeitig	c Inzwischen	c Sonst	c Infolgedessen
2.	**5.**	**8.**	**11.**
a Folglich	a Dagegen	a Gleichzeitig	a Bis dahin
b Sonst	b Somit	b Inzwischen	b Daraufhin
c Währenddessen	c Währenddessen	c Vielmehr	c Mittlerweile
3.	**6.**	**9.**	**12.**
a Andernfalls	a Bis dahin	a Demnach	a Inzwischen
b Demgegenüber	b Daraufhin	b Gleichzeitig	b Somit
c Mittlerweile	c Stattdessen	c Stattdessen	c Sonst

Nominal- und Verbalstil   C1K2M3

Der Verbalstil wird vor allem in erzählenden Texten und in der mündlichen Sprache verwendet. Verben und Nomen werden ungefähr gleich oft benutzt. Die Verben haben eine starke eigene Bedeutung. Texte im Verbalstil klingen lebendiger.

Der Nominalstil wird vor allem in Fachtexten und in wissenschaftlichen Texten verwendet. Es werden besonders viele Nomen benutzt. Die Nomen tragen die Hauptbedeutung. Texte in Nominalstil sind eher abstrakt.

Verbalform		Nominalform
Akkusativ-/Dativergänzung	→	**Präpositionalattribut**
Die Forschung beobachtet dabei den Spracherwerb und das Sprachenlernen.		In der Forschung gibt es Beobachtungen zum Spracherwerb und zum Sprachenlernen.
Personalpronomen	→	**Possessivpronomen**
Sie erwerben auch Sprachregeln, die nur selten vorkommen.		Ihr Erwerb umfasst auch Sprachregeln, deren Vorkommen selten ist.
Präpositionalergänzung	→	**Präpositionalattribut**
…, dass sie dabei von den Normen der Muttersprache abweichen.		Abweichungen von den Normen der Muttersprache sind …
transitive Verben: → **Akkusativergänzung im Aktivsatz** → **Subjekt im Passivsatz** → **handelnde „Person"**	}	→ **Genitiv** → oft *durch* + „Person"
Selbst wenn Eltern Fehler nicht korrigieren, erwerben Kinder …		Selbst ohne Korrektur der Fehler durch die Eltern ist der Erwerb …
intransitive/reflexive Verben: **Subjekt im Aktivsatz**	→	**Genitiv**
Daher nimmt man an, dass sich das Sprachvermögen verbessert, wenn …		Es besteht daher die Annahme, dass eine Verbesserung des Sprachvermögens eintritt, wenn …
Adverb	→	**Adjektiv vor der Nominalisierung**
Bei Erwachsenen kann man jedoch allgemein feststellen, dass …		Bei Erwachsenen gibt es jedoch die allgemeine Feststellung, dass …

93 Zweisprachige Erziehung. Bilden Sie die Nominalform.

1. Viele Kinder werden zweisprachig erzogen.
2. Die Kinder kommunizieren mühelos in zwei Sprachen.
3. Sie erfassen die Regeln intuitiv.
4. Spielerische Aktivitäten fördern den Spracherwerb.
5. Neue Wörter prägen sich durch emotionalen Bezug schneller ein.
6. Manche Kinder mischen anfänglich die beiden Sprachen.
7. Mit der Zeit unterscheiden sie problemlos zwischen den Sprachen.
8. Einige Schulen bieten zweisprachigen Unterricht an.

1. die zweisprachige Erziehung vieler Kinder

94 Bilden Sie die Verbalform.

1. das ausführliche Gespräch über Zweisprachigkeit
2. die exakte Erläuterung eines Phänomens
3. ihre Entwicklung einer Lerntechnik
4. die Wahl einer geeigneten Schule durch die Eltern
5. der Kauf eines Wörterbuchs im Geschäft

1. ausführlich über Zweisprachigkeit sprechen

Subjekt- und Objektsätze   C1K3M1

Subjekte und Akkusativobjekte können zu dass-Sätzen erweitert werden, indem das Nomen verbalisiert wird. Dann entstehen Subjekt- bzw. Objektsätze.
Anstelle eines dass-Satzes kann auch ein Infinitivsatz benutzt werden, wenn das Subjekt des Nebensatzes mit einer Ergänzung im Hauptsatz identisch ist oder das Subjekt des Nebensatzes das Indefinitpronomen *man* ist. Manchmal muss man den dass-Satz ins Passiv setzen, um einen Infinitivsatz zu bilden.

Subjektsatz		
Im Gespräch ist	*__die Angabe__ erfundener Erklärungen*	*nicht ratsam.*
Im Gespräch ist es nicht ratsam,	*dass __man__ erfundene Erklärungen __angibt__.*	
Im Gespräch ist es nicht ratsam,	*erfundene Erklärungen __anzugeben__.*	

Objektsatz	
Viele Bewerber fürchten	*__die Kritik__ des Personalchefs an ihrem bunten Lebenslauf.*
Viele Bewerber fürchten,	*dass __der Personalchef__ ihren bunten Lebenslauf __kritisiert__.* (Aktiv)
	dass __sie__ vom Personalchef für ihren bunten Lebenslauf __kritisiert werden__. (Passiv)
Viele Bewerber fürchten,	*vom Personalchef für ihren bunten Lebenslauf __kritisiert zu werden__.*

95 Tipps fürs Vorstellungsgespräch, Teil 1. Formen Sie die Sätze in die Verbalform um.

1. Eine intensive Vorbereitung auf ein Vorstellungsgespräch ist wichtig. (dass-Satz)
2. Eine Beschäftigung mit der Firma und ihren Produkten sollte selbstverständlich sein. (Infinitivsatz)
3. Die Personalchefs erwarten eine plausible Erklärung der Lücken im Lebenslauf. (dass-Satz)
4. Man sollte klare Antworten auf die Frage nach den Gehaltsvorstellungen nicht vermeiden. (Infinitivsatz)
5. Ein höfliches und offenes Verhalten ist im Vorstellungsgespräch das A und O. (dass-Satz)

96 Tipps fürs Vorstellungsgespräch, Teil 2. Formen Sie die Sätze in die Nominalform um.

1. Sich angemessen und ordentlich zu kleiden, ist ratsam.
2. Selbstbewusst und gelassen aufzutreten, ist zu empfehlen.
3. Dass man berufliche Ziele klar formuliert, macht einen guten Eindruck.
4. Viele Firmen erwarten, dass die Bewerber an einem Assessmentcenter teilnehmen.
5. Viele Bewerber fürchten, dass sie nach ihren Schwächen gefragt werden.

Nominalisierung und Verbalisierung (Zusammenfassung)

	Verbalform: Konnektor	Nominalform: Präposition
konditional (Bedingung)	*wenn, falls, sofern* **Wenn** *man gutes Futter verwendet, …*	*bei* **+ Dat.** **Bei** *Verwendung von gutem Futter …*
	wenn … nicht **Wenn** *die Kontrollen* **nicht** *erhöht werden, …*	*ohne* **+ Akk.** **Ohne** *Erhöhung der Kontrollen …*
final (Absicht, Zweck oder Ziel)	*um … zu, damit* **Um** *das Vorhaben besser bewältigen* **zu** *können, …* **Damit** *man das Vorhaben besser bewältigen kann, …*	*zu* **+ Dat. /** *für* **+ Akk.** **Zur** *besseren Bewältigung des Vorhabens …* **Für** *die bessere Bewältigung des Vorhabens …*
temporal (Zeit)	*seitdem* **Seitdem** *die Steinkohle entdeckt wurde, …*	*seit* **+ Dat.** **Seit** *der Entdeckung der Steinkohle …*
	nachdem **Nachdem** *der Krieg beendet worden war, …*	*nach* **+ Dat.** **Nach** *dem Ende des Krieges …*
	als *…,* **als** *die Wirtschaft der Bundesrepublik wieder aufgebaut wurde.*	*bei* **+ Dat.** *…* **beim** *wirtschaftlichen Wiederaufbau der Bundesrepublik.*
	bis **Bis** *der wirtschaftliche Abschwung begann, …*	*bis zu* **+ Dat.** **Bis zum** *Beginn des wirtschaftlichen Abschwungs …*
	bevor **Bevor** *die Kohlekrise begann, …*	*vor* **+ Dat.** **Vor** *dem Beginn der Kohlekrise …*
	während **Während** *man Kohle förderte, …*	*während* **+ Gen.** **Während** *der Kohleförderung …*
kausal (Grund)	*weil, da* **Weil/Da** *die Konkurrenz stark ist, …*	*wegen* **+ Gen. /** *aufgrund* **+ Gen.** **Wegen** *der starken Konkurrenz …* **Aufgrund** *der starken Konkurrenz …*
	deshalb, deswegen, darum *Die Konkurrenz ist stark,* **deshalb** *…*	
modal (Art und Weise)	*indem* *…,* **indem** *sie Produktionsstätten ins Ausland verlegen.*	*durch* **+ Akk.** **Durch** *die Verlegung von Produktionsstätten ins Ausland …*
	dadurch, dass **Dadurch, dass** *sie Produktionsstätten ins Ausland verlegen, …*	
konzessiv (Gegengrund oder Einschränkung)	*obwohl* **Obwohl** *sie sehr motiviert sind, …*	*trotz* **+ Gen.** **Trotz** *großer Motivation …*
	trotzdem/dennoch *Viele sind sehr motiviert,* **trotzdem/dennoch** *…*	
	zwar …, aber *Sie sind* **zwar** *sehr motiviert,* **aber** *…*	

97 Betriebsausflug. Formen Sie die markierten Nebensätze in die Nominalform um.

Informationen zum Betriebsausflug am 15. Juni

(1) Damit alle den Betriebsausflug besser planen können, senden wir Ihnen vorab einige Informationen.
(2) Bevor wir in den gemeinsamen Tag starten, denken Sie bitte an wetterfeste Kleidung. Wir treffen uns am 8:30 Uhr am Bahnhof auf Gleis 3 und fahren dann nach Starnberg, wo wir die Fähre nach Bernried nehmen.
(3) Bis die Fähre abfährt, können wir im Café Seeblick etwas trinken. In Bernried besuchen wir das Buchheim-Museum und nehmen an einer Führung teil. (4) Nachdem die Führung beendet ist, laufen wir zurück nach Starnberg.
(5) Während wir entlang des Sees wandern, muss jede Abteilung ein Quiz lösen. (6) Indem man im Team alle Fragen richtig beantwortet, kann man einen Restaurant-Gutschein für die Abteilung gewinnen.
In Starnberg stärken wir uns dann im Restaurant „Zur Post". (7) Weil wir reserviert haben, sollten wir einigermaßen pünktlich dort ankommen, also ungefähr um 15:30 Uhr. (8) Nachdem wir im Restaurant gegessen haben, werden die Gewinner des Quiz' prämiert. Im Anschluss geht es zurück nach München, wo wir um 18:25 Uhr ankommen.
(9) Es ist zwar für den Ausflugstag schlechtes Wetter vorhergesagt, aber wir werden den Termin nicht verschieben.
(10) Falls Sie krank sind, bitte morgens noch absagen, sodass wir nicht unnötig auf einzelne Personen warten müssen.
Wir freuen uns auf den gemeinsamen Tag!
Ihre Geschäftsführung

---

98 Wertvolle Tipps. Formen Sie die markierten Satzteile in die Verbalform um.

Tipps für den Computer-Kauf

Was sollte man (1) beim Kauf eines Computers beachten?
(2) Wegen der großen Auswahl fällt die Wahl des passenden Computers oft schwer.
(3) Vor der Entscheidung für ein Gerät sollte man sich klar machen, wofür man den Computer hauptsächlich braucht. Es muss nicht immer der bestausgestattete Computer sein, wenn man hauptsächlich das Textverarbeitungsprogramm nutzt. (4) Durch den Verzicht auf eine leistungsstarke Grafikkarte kann man zum Beispiel Geld sparen. (5) Für die Nutzung des Computers für Spiele und Filme sollte man jedoch in eine gute Grafikkarte investieren. Auch (6) durch den Vergleich verschiedener Anbieter schonen Sie Ihren Geldbeutel.
Sie können sich (7) trotz intensiver Beschäftigung mit dem Thema nicht entscheiden? Dann gehen Sie ins Fachgeschäft und lassen Sie sich dort beraten.

Nominalisierung und Verbalisierung von Präpositionalergänzungen   C1K9M1

Präpositionalergänzungen können in einen dass-Satz oder Infinitivsatz umgeformt werden. Einen Infinitivsatz kann man nur bilden, wenn das Subjekt des Nebensatzes mit einer Ergänzung des Hauptsatzes identisch oder das Subjekt des Nebensatzes *man* ist.
Bei der Umformung wird die Präposition zu einem Präpositionaladverb im Hauptsatz. Bei vielen Verben kann das Präpositionaladverb weggelassen werden.

Nominalform	Verbalform
Brainstorming **setzt** man **für** die <u>Entwicklung</u> neuer Ideen **ein**.	Brainstorming **setzt** man **dafür ein**, neue Ideen <u>zu entwickeln</u>.
Ihr Umfeld wird **sich** über Ihre <u>Kreativität</u> **freuen**.	Ihr Umfeld wird **sich (darüber) freuen**, dass Sie <u>kreativ sind</u>.

99 Wie heißt das Verb? Ergänzen Sie auch die passende Präposition.

1. die Abhängigkeit – _abhängen_ _von_
2. die Anpassung – _____ _____
3. die Aufregung – _____ _____
4. der Bezug – _____ _____
5. der Entschluss – _____ _____
6. die Entscheidung – _____ _____

7. die Erkundigung – _____ _____
8. die Freude – _____ _____
9. die Information – _____ _____
10. der Protest – _____ _____
11. die Verbindung – _____ _____
12. der Verweis – _____ _____

100 Bilden Sie Sätze in der Verbal- und Nominalform.

1. Kinder / oft / träumen von / zum Mond / fliegen
2. manche Jugendliche / beschäftigen sich mit / Schulprobleme / bewältigen
3. Erwachsene / häufig / legen Wert auf / sich erholen / am Wochenende
4. Studenten / meistens / sich freuen auf / ins Berufsleben / eintreten
5. Angestellte / in stressigen Phasen / manchmal / nachdenken über / ihren Job / kündigen

1. Kinder träumen oft davon, zum Mond zu fliegen.
Kinder träumen oft von einem Flug zum Mond.

Textzusammenhang   B2K7M1

Funktion	Beispiele
Artikelwörter … machen deutlich, ob ein Wort im Text bereits genannt wurde. Possessivartikel verweisen auf andere Nomen.	bestimmter Artikel: *der, das, die …* Demonstrativartikel: *dieser, dieses, diese …* Possessivartikel: *sein, sein, seine …*
Pronomen … verweisen auf Nomen, Satzteile oder ganze Sätze.	Personalpronomen: *er, es, sie …* Possessivpronomen: *seiner, seines, seine …* Relativpronomen: *der, das, die …* Indefinitpronomen: *man, niemand, jemand …* Demonstrativpronomen: *dieser, dieses, diese …*
Orts- und Zeitangaben … machen Zeitbezüge deutlich und ordnen die Ereignisse räumlich ein.	Temporaladverbien: *damals, heute …* Verbindungsadverbien: *zuerst, dann …* andere Zeitangaben: *im selben Moment, im 18. Jahrhundert …* Lokaladverbien: *hier, dort …*
Konnektoren … geben Gründe, Gegengründe, Bedingungen, Folgen, Zusammenhänge usw. wieder.	*weil, doch, deshalb, obwohl, trotzdem, nachdem, sowohl … als auch, nicht nur …, sondern auch …*
Präpositionaladverbien … stehen für Sätze und Satzteile.	*darüber, daran, darauf … worüber, woran, worauf …*
Synonyme und Umschreibungen … vermeiden Monotonie und machen den Text interessanter.	*das Schloss Schönbrunn – die Hauptattraktion der Stadt Wien – das imposante Bauwerk – der Palast*

Satz

101 Welterbe. Welches Wort passt in den Textzusammenhang? Kreuzen Sie an.

Weltkulturerbe Bergpark Wilhelmshöhe

Der Bergpark Wilhelmshöhe in Kassel gilt als barockes Gesamtkunstwerk, **-1-** unterschiedliche Strömungen der Gartenarchitektur, der Kunstgeschichte und Technikgeschichte zu finden sind. Neben seinem einzigartigen Baum- und Pflanzenreichtum ist er für zahlreiche Sehenswürdigkeiten berühmt. Zu **-2-** gehören zum Beispiel die Löwenburg und das Ballhaus. Das Highlight für die meisten Besucher sind aber sicherlich die Wasserspiele.

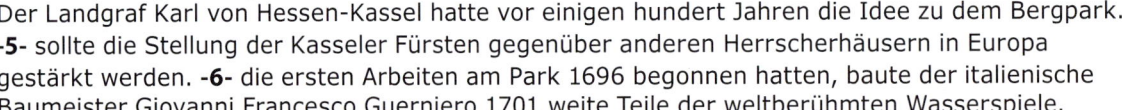

-3- wurde im Juni 2013 in die Welterbeliste aufgenommen, **-4-** die Bevölkerung von Kassel sehr stolz ist. Als einzigartig wurden mit der Aufnahme die berühmte Herkulesstatue und die Wasserspiele gewürdigt.

Der Landgraf Karl von Hessen-Kassel hatte vor einigen hundert Jahren die Idee zu dem Bergpark. **-5-** sollte die Stellung der Kasseler Fürsten gegenüber anderen Herrscherhäusern in Europa gestärkt werden. **-6-** die ersten Arbeiten am Park 1696 begonnen hatten, baute der italienische Baumeister Giovanni Francesco Guerniero 1701 weite Teile der weltberühmten Wasserspiele.

1717 wurden die Arbeiten mit der imposanten Herkulesstatue, **-7-** zwischen 1713 und 1717 vom Augsburger Goldschmied Johann Jakob Anthoni geschaffen worden war, abgeschlossen.

-8- galt die Kasseler Herkulesstatue als die technisch und künstlerisch anspruchsvollste Großskulptur der Welt. Die Statue, die auf einem rund 70 Meter hohen Sockel steht, sollte die positiven Eigenschaften des Landgrafen symbolisieren: **-9-** gehören Gerechtigkeit und Weisheit, **-10-** die Statue war auch als ein Machtsymbol zu verstehen. Am Fuß des Herkules findet man das monumentale Wassertheater, **-11-** bis heute einmalig ist.

Einen Besuch wert ist auch das Schloss Wilhelmshöhe, **-12-** es einige berühmte Sammlungen von Gemälden zu bewundern gibt. **-13-** der Park so viel bietet, besuchen **-14-** jedes Jahr ca. 60.000 Menschen. Damit jeder in den Genuss des Parks kommen kann, ist der Besuch kostenlos. **-15-** die wichtigsten Stationen auch vom Bergparkbus angefahren werden, ist ein Besuch des Parks zu Fuß am meisten zu empfehlen. Die berühmten Wasserspiele können von Mai bis Oktober jeden Mittwoch, Sonntag und Feiertag bewundert werden.

1.
- [a] der
- [b] in dem
- [c] in den

2.
- [a] die
- [b] diesen
- [c] welchen

3.
- [a] Die Anlage
- [b] Die Architektur
- [c] Die Fläche

4.
- [a] da
- [b] darauf
- [c] worauf

5.
- [a] Dadurch
- [b] Daran
- [c] Deshalb

6.
- [a] Bevor
- [b] Nachdem
- [c] Wenn

7.
- [a] das
- [b] der
- [c] die

8.
- [a] Damals
- [b] Dann
- [c] Heute

9.
- [a] Damit
- [b] Daran
- [c] Dazu

10.
- [a] aber
- [b] denn
- [c] oder

11.
- [a] das
- [b] der
- [c] dieses

12.
- [a] wo
- [b] woher
- [c] wohin

13.
- [a] Denn
- [b] Deshalb
- [c] Weil

14.
- [a] er
- [b] ihn
- [c] sie

15.
- [a] Obwohl
- [b] Trotzdem
- [c] Weil

Verb

1 (1) hast gefunden, (2) bist gekommen, (3) habe studiert, (4) habe erfahren, (5) habe informiert, (6) hat geklungen, (7) habe entschlossen, (8) habe beworben, (9) hast vorbereitet, (10) habe versucht, (11) Hat geholfen, (12) haben gestanden, (13) bin umgezogen, (14) habe kennengelernt

2 Katja Huber kam 1985 in Garmisch zur Welt. Bereits im Alter von drei Jahren stand sie zum ersten Mal auf Skiern. Mit fünf Jahren fuhr sie ihre ersten Rennen. Mit zehn Jahren ging sie in ein auf Wintersport spezialisiertes Internat. Am Vormittag lernte sie in der Schule und am Nachmittag trainierte sie mehrere Stunden. Im Lauf der nächsten Jahre gewann sie viele wichtige Rennen und Meisterschaften. Mit 19 Jahren machte sie ihr Abitur und danach konzentrierte sie sich komplett auf den Sport. 2010 bereitete sie sich auf die Olympischen Winterspiele vor, aber dabei verletzte sie sich schwer am Knie und nahm dann leider nicht daran teil. Nach einigen Operationen entschied sie sich, den professionellen Skisport aufzugeben.

3 1. Es klingelte an der Tür, nachdem sie gerade aufgestanden war. 2. Der Postbote brachte einen Brief, auf den sie schon lange gewartet hatte. 3. Sie hatte sich auf eine interessante Stelle in Berlin beworben und das musste der Arbeitsvertrag sein. 4. Sie wollte wieder in der Stadt leben, wo sie studiert hatte. 5. Nachdem sie sich angezogen hatte, rief sie alle Freunde an. 6. Alle freuten sich für sie, obwohl sie niemandem etwas gesagt hatte.

4 (1) wurde, (2) zeigte, (3) besuchte, (4) bekam, (5) begann, (6) studiert hatte, (7) bewarb, (8) schloss … ab, (9) promovierte, (10) habe … erfüllt, (11) habe … genossen, (12) bin … gereist, (13) kehrte … zurück, (14) machte, (15) bestand, (16) fühlte, (17) beschloss, (18) habe … eröffnet, (19) war

5 Herr Müller: Wir werden das Haus verkaufen. Wir werden viele Reisen zusammen machen. Freunde werden uns einladen. Ich werde mir ein neues Hobby suchen.

Frau Müller: Ich werde viele Ausflüge mit meinen Freundinnen unternehmen. Wir werden das Haus renovieren. Wir werden viel Zeit miteinander verbringen. Unsere Enkeltochter wird oft zu Besuch kommen.

6 *Musterlösung*
1. Frau Romulus wird verschlafen haben. 2. Herr Kengler wird im Stau stehen. 3. Herr Montag und Frau Moithan werden einen Kaffee trinken. / in der Küche sein. 4. Frau Bilimann wird krank sein. 5. Frau Fitz und Herr Neuer werden in einer Besprechung sein/sitzen. 6. Herr Liebert wird etwas kopieren. / am Kopierer sein.

7 (1) muss, (2) kann/darf, (3) will, (4) dürfen, (5) kann/darf, (6) will, (7) soll, (8) muss, (9) mussten, (10) durften, (11) konnten/durften, (12) mussten, (13) durften/konnten, (14) wollte, (15) wollte, (16) konnte, (17) musste, (18) wollte, (19) durfte

8 2. Alle Teilnehmer haben die Aufgabe, regelmäßig die Hausaufgaben zu machen. 3. Teilen Sie uns frühzeitig mit, wenn Sie beabsichtigen, am Kursende eine Prüfung zu absolvieren. 4. Wenn Sie den Wunsch haben, mit einem Tandem-Partner zu üben, hilft Ihnen unser Büro gern weiter. 5. Wenn Sie aus Krankheits- oder anderen Gründen nicht in der Lage sind, zum Kurs zu kommen, geben Sie bitte im Büro Bescheid. 6. Im gesamten Gebäude ist es nicht gestattet zu rauchen.

9 1. soll, 2. will, 3. soll, 4. soll, 5. sollen, 6. will, 7. sollen

10 1. sicher, 2. sicher, 3. sehr wahrscheinlich, 4. möglich

11 1. Alles deutet darauf hin, / Alle Anzeichen sprechen dafür, dass die Probleme des Kindes nicht nur an der Schule liegen. 2. Alle Anzeichen sprechen dafür, / Alles deutet darauf hin, dass das Kind hochbegabt ist. 3. Die Untersuchungen belegen das vermutlich. 4. Es ist aber auch denkbar, dass das Kind ein anderes Problem hat.

12 1. will geschrieben haben, 2. kann abgeschrieben haben, 3. müssen kopiert worden sein, 4. sollen eingeleitet worden sein, 5. soll gekündigt haben, 6. will ausgezeichnet worden sein

13 *Musterlösung*
1. Er würde jetzt gern mit seiner Freundin/Frau telefonieren/sprechen. 2. Er würde jetzt gern

Lösungen

fernsehen. 3. Er wäre jetzt gern am Strand / im Urlaub. 4. Er würde jetzt gern Rad fahren / eine Radtour machen. 5. Er wäre jetzt gern im Restaurant. / Er würde jetzt gern einen Hamburger essen.

14 1. würde, könnte, 2. bräuchte, 3. solltest, 4. wüsste, 5. wäre, 6. müsste

15 2. Wenn mein Handy-Akku nicht leer gewesen wäre, hätte ich dir eine Nachricht geschickt. 3. Wenn ich nicht im Stau gestanden hätte, wäre ich nicht zu spät / pünktlich gekommen. 4. Wenn ich meinen Geldbeutel nicht vergessen hätte, hätte ich eingekauft. 5. Wenn ich nicht so lange gearbeitet hätte, hätte ich früher nach Hause gehen können.

16 (1) sei, (2) wolle, (3) könne, (4) müssten, (5) sei, (6) vorstelle, (7) könnten, (8) habe, (9) wolle, (10) habe, (11) hätten, (12) sollten, (13) wüssten, (14) sollten, (15) sei, (16) gewinne

17 1. Einem renommierten Psychologen zufolge bedeutet ständige Erreichbarkeit für viele Menschen Stress. 2. Ein Jugendlicher meint, er verstehe die Diskussion nicht. Natürlich müsse man immer erreichbar sein. 3. Wie einige gestresste Manager berichten, wird in vielen Berufen erwartet, dass man auch im Urlaub erreichbar ist. 4. Laut der Vorsitzenden eines großen Unternehmens ist es wichtig, dass die Angestellten am Wochenende wirklich abschalten und nicht an die Arbeit denken. 5. Wie eine besorgte Ärztin erklärt, sind für die Gesundheit Zeiten der Ruhe und Erholung wichtig. 6. Nach einem Bericht in der Zeitung nimmt die Zahl der Krankmeldungen aufgrund der ständigen Erreichbarkeit in einigen Brachen stetig zu.

18 2. Die Radwege werden nächstes Jahr ausgebaut. 3. Das Straßenbahnnetz ist 2014 verbessert worden. 4. Das Trinkwasser wird jedes Jahr getestet. 5. Die Umwelt-Workshops wurden vom Umweltzentrum konzipiert. 6. Die Solaranlagen sind vor zwei Jahren aufgestellt worden.

19 Am Dienstag müssen frische Blumen bestellt werden. Am Mittwoch muss das aktuelle Programm online gestellt werden. Am Donnerstag muss die Mitgliederliste aktualisiert werden. Am Freitag müssen alle Mitglieder zur Café-Eröffnung eingeladen werden. Am Samstag müssen die Blumen gepflanzt werden. Am Sonntag muss das neue Café eröffnet werden.

20 2. Aber sie hätte überarbeitet werden müssen. 3. Aber er hätte abgesagt werden müssen. 4. Aber sie hätten verschickt werden müssen. 5. Aber sie hätte vorbereitet werden müssen. 6. Aber sie hätten ausgedruckt werden müssen.

21 2. Sie hat erklärt, dass die Abteilung hat vergrößert werden müssen. 3. Sie berichtete, dass neue Kunden gewonnen werden konnten. 4. Sie bedauerte, dass einige Verträge nicht haben verlängert werden können. 5. Sie mahnte, dass viele Projekte hätten schneller abgeschlossen werden müssen.

22 2. Es wird über neue Strategien nachgedacht. 3. Es werden Geschäftspartner kontaktiert. 4. Es wird mit Kunden verhandelt. 5. Es wird an Projekten gearbeitet. 6. Es werden Probleme besprochen.

23 2. Über neue Strategien wird nachgedacht. 3. Geschäftspartner werden kontaktiert. 4. Mit Kunden wird verhandelt. 5. An Projekten wird gearbeitet. 6. Probleme werden besprochen.

24 1. Viele Streitsituationen im Büro lassen sich vermeiden. 2. Manche Äußerungen sind leicht missverständlich. 3. Mit einem offenen Gespräch sind viele Konflikte schnell zu beseitigen. 4. Natürlich sind nicht alle Probleme sofort lösbar. 5. Bestimmte Gesprächsregeln sind auch in heftigen Diskussionen zu beachten. 6. Doch nicht alle Konfliktmanagement-Strategien sind immer umsetzbar.

25 2. Die Plakate sind schon aufgehängt. 3. Die Getränke sind schon gekauft. 4. Die Räume sind schon dekoriert. 5. Die Musik ist schon ausgesucht. 6. Die Bühne ist schon aufgebaut.

26 1b, 2b, 3a, 4a, 5b, 6a, 7a, 8b, 9b, 10a

27 2. Man sollte keine Angst davor haben, Fehler zu machen. 3. Man sollte sich vornehmen, täglich fünf neue Wörter zu lernen. 4. Es ist notwendig, auch Texte in der fremden Sprache zu schreiben. 5. Ratsam ist außerdem, regelmäßig die Grammatik zu üben. 6. Ebenfalls macht es Sinn, die neue Sprache so viel wie möglich zu sprechen.

28 1A, 2B, 3B, 4A, 5B

29   1. jetzt droht das Projekt zu scheitern, 2. Auch die Geschäftsführung scheint nicht ganz von dem Projekt überzeugt zu sein. 3. Ich habe ja sowieso nichts zu entscheiden. 4. Das braucht dir nicht leidzutun.

30   1. dich, 2. dir, 3. dir, 4. dich, 5. dich, 6. dir, 7. mir

31   (1) uns, (2) uns, (3) mich, (4) mich, (5) sich, (6) uns, (7) uns, (8) sich, (9) mir, (10) uns, (11) mich, (12) mir

32   (1) ein, (2) das, (3) die, (4) dem, (5) Die, (6) einen, (7) Der, (8) die, (9) die, (10) die, (11) den, (12) die, (13) Der, (14) das, (15) die, (16) die, (17) das, (18) den, (19) das, (20) dem, (21) der, (22) den, (23) einen, (24) einen, (25) die, (26) dem, (27) einen, (28) die, (29) dem, (30) einem

33   2. Ich habe sie ihm schon gezeigt. 3. Ich habe ihn dir schon erklärt. 4. Ich habe sie ihnen schon erzählt. 5. Ich habe sie ihr schon gegeben.

34   1b, 2a, 3b, 4a, 5a, 6a, 7c, 8b, 9c, 10a, 11b, 12c, 13a, 14a, 15b

35   1. Ich habe die Wohnung aufgeräumt. 2. Ich habe Druckerpatronen bestellt. 3. Ich habe im Supermarkt eingekauft. 4. Ich habe die alten Kartons zerrissen. 5. Ich habe Oma angerufen. 6. Ich habe den Plastikmüll entsorgt. 7. Ich habe die Glasflaschen weggebracht. 8. Ich habe den Text für die Uni verbessert.

36   1. Das Land durchlebt gerade eine Wirtschaftskrise. 2. Die schlechten Verkaufszahlen spiegeln die Wirtschaftskrise wider. 3. Unsere Firma führt deshalb eine Umstrukturierung durch. 4. Wir bauen die ganze Firmenstruktur um. 5. Die Produktion siedelt nächstes Jahr nach Asien über. 6. Eine Mitarbeiterin übersetzt die Verträge auf Chinesisch. 7. Zur Sicherheit umzäunt die Firma das ganze Grundstück. 8. Die Chefin unterschreibt einige Kündigungen. 9. Durch den Stress gehen die Bedürfnisse der Mitarbeiter unter. 10. Manche Kollegen widersetzen sich den Anordnungen der Geschäftsführung. 11. Nach Jahren im Ausland kommen viele Mitarbeiter nach Deutschland wieder. 12. Die Firma wiederholt solche Umstrukturierungen regelmäßig.

37   1K, 2B, 3D, 4G, 5C, 6L, 7A, 8I, 9J, 10E, 11F, 12H

38   1. gebe, 2. bringen, 3. geht, 4. aufbringen, 5. nehmen, 6. nehme, 7. geführt, 8. wecken

39   (1) die Absicht hat, (2) zur Auswahl stehen, (3) mit einem Tutor in Kontakt treten, (4) Außer Frage steht, (5) den Entschluss fasst

Nomen

40   1. Gästen, 2. Angebots, 3. Kunden, 4. Urlaubs, Bauern, 5. Menschen, 6. Wandertour, 7. Experten, 8. Elefanten, 9. Person, 10. Musikers, 11. Kurses, 12. Philosophen, 13. Piloten, 14. Kunde, Herzens

41   2. der/die Arbeitslose, 3. der/die Angeklagte, 4. der/die Jugendliche, 5. der/die Verwandte, 6. der/die Verlobte, 7. der/die Reisende, der/die Verletzte

42   A Jugendlicher, Reisenden, B Arbeitslosen, Verwandte, C Angestellten, D Verlobten, E Verletzte, F Angeklagten

43   -(¨): das Fenster – die Fenster, der Computer – die Computer, das Gummibärchen – die Gummibärchen, das Kärtchen – die Kärtchen, der Kuchen – die Kuchen, der Vogel – die Vögel, der Kugelschreiber – die Kugelschreiber

   -(e)n: der Name – die Namen, der Mensch – die Menschen, die Zeitung – die Zeitungen, der Motor – die Motoren, die Tasche – die Taschen, die Vorbereitung – die Vorbereitungen

   -(¨)e: die Hand – die Hände, der Stuhl – die Stühle, der Ast – die Äste, der Freund – die Freunde

   -(¨)er: das Buch – die Bücher, das Bad – die Bäder, das Kind – die Kinder, das Fahrrad – die Fahrräder, das Gesicht – die Gesichter

   -s: das Hotel – die Hotels, das Kino – die Kinos, die Band – die Bands, die DVD – die DVDs, das Büro – die Büros

44   (1) Prüfungen, (2) Bücher, (3) Noten, (4) Freundinnen, (5) Tage, (6) Erlebnisse, (7) Geschäfte, (8) Läden, (9) Frauen, (10) Männer, (11) Restaurants, (12) Cafés, (13) Gerichte, (14) Fotos, (15) Grüße

45   2. ausreichend Schlaf, 3. Ruhe nach dem Essen, 4. viel Bewegung, 5. Pflege von Freundschaften, 6. Erinnerung an Schönes, 7. Konzentration auf Positives, 8. tägliche Meditation, 9. Verzicht auf Kaffee, 10. Kauf eines Haustiers

Lösungen

Adjektiv

46 (1) alltägliche, (2) bekannte, (3) bestimmter, (4) frühen, (5) langen, (6) stressigen, (7) ruhige, (8) interessanten, (9) koffeinhaltige, (10) fetten, (11) optimale, (12) kalten, (13) starke, (14) Einfache, (15) belastenden, (16) heiße, (17) frischem, (18) gekochte, (19) allgemeinen, (20) warmes, (21) unangenehmen, (22) erhöhte, (23) geschwächtes, (24) vitaminreiches, (25) starke, (26) frische, (27) stilles, (28) schöne, (29) alten, (30) neuen

47 1. Ein guter Arzt hört zu und schenkt seinen Patienten die volle Aufmerksamkeit. 2. Er versucht, sich für die kleinen und großen Probleme seiner Patienten Zeit zu nehmen. 3. Ein respektvoller Umgang zwischen Arzt und Patient ist wichtig. 4. Der Arzt sollte mit einfachen und plausiblen Erklärungen seine Diagnose stellen. 5. In dringenden Angelegenheiten sollten Betroffene schnell einen Termin bekommen.

48 1. spannendste, interessanter, 2. besser, hübscheste, 3. weniger, öfter, mehr, 4. tollste, teuerste, 5. gesünder, lieber / am liebsten, 6. gemütlichsten, besseres, 7. nettesten, sympathischer, 8. wärmer, dünneren, günstigsten

49 1. fliegende, kochenden, zubereitete, gebackener, 2. putzenden, aufgeräumte, anstrengenden, 3. blühenden, zerstörten, 4. hergestellte

50 1. ein zu reparierender Computer, 2. die nicht zu öffnende Datei, 3. eine zu programmierende Webseite, 4. zu löschende Fotos, 5. ein nicht abzuschätzender Schaden

51 1. Die Filme, die man auf der Webseite sehen kann, sind nur kostenpflichtig downloadbar. 2. Der Betrag, den man zahlen muss, kann man mit der Kreditkarte begleichen. 3. Außerdem gibt es eine große Auswahl an Produkten und Geräten, die man bestellen kann. 4. Die Geräte, die man nicht mehr reparieren kann, werden kostenlos ausgetauscht. 5. Wegen eines Programmfehlers, den man nur schwer beheben kann, ist die Seite momentan offline.

Präpositionaladverbien und Fragewörter

52 2. Worüber? 3. Woran? 4. Mit wem? 5. Wofür? 6. Von wem? 7. Wovon? 8. Worüber?

53 1. dafür, 2. darauf, 3. darauf, 4. dafür, 5. davor, 6. darauf, 7. Darauf

Partikel

54 1. ja, aber, 2. mal, ja, 3. mal, 4. doch, ja, 5. denn, 6. mal, aber, 7. doch, ja, 8. denn, doch, 9. doch, 10. aber, ja, ja

Pronomen

55 1. Irgendwo, 2. irgendwohin, irgendetwas/ etwas, 3. eins, 4. etwas, keins, irgendwann, 5. einer, 6. keiner, 7. einem, man, einem, 8. einen, 9. keiner, nirgendwo/nirgends, 10. irgendetwas/etwas, irgendwohin

56 Zeile 4: …, wenn <u>es</u> Probleme mit den Kollegen gibt.
Zeile 5: … sollten <u>es</u> aber nicht so schwer nehmen, wenn <u>es</u> im Job mal nicht so gut läuft.
Zeile 6: Manche Projekte haben <u>es</u> sicher in sich, …
Zeile 7: …, aber <u>es</u> bringt einen auch nicht weiter, …
Zeile 8: Meistens ist <u>es</u> viel besser, …
Zeile 9: Wenn <u>es</u> der Chef wieder mal besonders eilig hat, …
Zeile 10: Für manche Dinge braucht <u>es</u> einfach ein bisschen mehr Zeit. Bei Problemen mit Kollegen kommt <u>es</u> darauf an, …
Zeile 11: Oft fehlt <u>es</u> einfach an Distanz.
Zeile 12: …, dass <u>es</u> normalerweise gar nicht um Sie geht, …

57 1. Schon wieder regnet es den ganzen Tag. 2. Dass wir unseren Ausflug noch einmal verschieben müssen, ist nicht schön. 3. Bei diesem Wetter ist es nicht möglich, eine Radtour zu machen. 4. Eine Radtour zu machen, ist bei diesem Wetter nicht möglich. 5. Vielleicht schneit es sogar. 6. Dass es schon wieder schneit, finde ich wirklich ärgerlich.

Präposition

58 1. außerhalb, 2. an, um … herum, 3. im, 4. von … bis, 5. Vor, 6. während, vor, 7. für, 8. in, 9. seit, 10. nach

59 1a, 2b, 3b, 4a, 5a, 6b, 7a, 8b, 9a, 10b

60 1. Infolge der, 2. Angesichts der, 3. Dank des, 4. Wegen der, 5. Trotz der, 6. Aufgrund des, 7. Innerhalb des, 8. Unweit der, 9. Jenseits der, 10. Anlässlich der

61 (1) auf, (2) mit, (3) mit, (4) mit, (5) von, (6) zu, (7) an, (8) für, (9) über, (10) mit, (11) für, (12) für, (13) auf, (14) bei, (15) auf

62 1G, 2E, 3H, 4D, 5F, 6B, 7C, 8A

Negation

63 2. Der Bus wartete natürlich <u>nicht</u> auf mich. 3. Deshalb war ich <u>nicht</u> pünktlich im Büro. 4. Meine Chefin war darüber <u>nicht</u> erfreut. 5. Noch dazu hatte ich meine Präsentation <u>nicht</u> vorbereitet. 6. Die Kollegen waren also <u>nicht</u> begeistert von meinem Vortrag. 7. Die Chefin war danach <u>nicht</u> in ihrem Büro. 8. Deswegen konnte ich <u>nicht</u> mit ihr über meine misslungene Präsentation sprechen. 9. Später habe ich die neuen Kunden <u>nicht</u> vom Bahnhof abgeholt. 10. Das Mittagessen im Restaurant hat <u>nicht</u> geschmeckt. 11. Am Nachmittag habe ich <u>nicht</u> an den Termin mit dem Marketing gedacht. 12. Zu Hause habe ich meinen Haustürschlüssel <u>nicht</u> gefunden. 13. Die Nachbarin war <u>nicht</u> zu Hause, sodass ich meinen Ersatzschlüssel <u>nicht</u> holen konnte. 14. Ich konnte mich also <u>nicht</u> auf meinem Sofa von diesem Tag erholen.

64 2. Nein, nirgends/nirgendwo. 3. Nein, noch nie. 4. Nein, noch nichts. 5. Nein, niemand. 6. Nein, nicht mehr. 7. Nein, noch nicht.

65 2. indiskret, 3. desinteressiert, 4. unbeliebt, 5. humorlos, 6. inkompetent, 7. irrational, 8. unhöflich

Satz

66 1. Ich bin letzte Woche mit meiner Freundin Julia nach Berlin gefahren. 2. Nach sechs Stunden sind wir müde und erschöpft am Hauptbahnhof angekommen. 3. Ein netter Taxifahrer hat uns dann ins Hotel gebracht. 4. Den Rest des Nachmittags haben wir gut gelaunt im Wellnessbereich des Hotels verbracht. 5. Am Abend haben wir uns mit Freunden in einem schönen Restaurant getroffen. 6. Den nächsten Tag haben wir wegen des schlechten Wetters im Pergamonmuseum verbracht. 7. Julia hat sich schon immer leidenschaftlich für antike Kunst interessiert. 8. Danach haben wir in einem Café allen Freunden Postkarten vom Fernsehturm geschrieben. 9. Am Samstag wollten wir unbedingt eine Stadtrundfahrt durch die Stadt machen. 10. Leider hat Julia am Nachmittag ihren Geldbeutel im Bus vergessen.

11. Sie hat sofort sehr besorgt alle Karten sperren lassen. 12. Glücklicherweise hat jemand am Abend den Geldbeutel bei der Polizei abgegeben. 13. Trotz der Aufregung war die Reise aufgrund der vielen Erlebnisse sehr schön.

67 2. Interessieren Sie sich für unser Programm, bestellen Sie bitte unseren Newsletter. 3. Möchten Sie an einem Kurs teilnehmen, melden Sie sich bitte über unsere Webseite an. 4. Müssen Sie Ihre Anmeldung stornieren, ist dies bis zwei Wochen vor Kursstart möglich. 5. Zahlen Sie bar, erhalten Sie einen Rabatt von fünf Prozent. 6. Legen Sie keine Zahlungsbestätigung vor, können wir Ihnen keinen Kursplatz garantieren. 7. Möchten Sie eine Veranstaltung besuchen, können Sie telefonisch reservieren. 8. Melden sich nicht genug Leute an, ist es möglich, dass wir die Veranstaltung verschieben. 9. Regnet es, fallen die Open-Air-Veranstaltungen aus.

68 1A Verglichen mit, 2B Vom heutigen Standpunkt aus betrachtet, 3E Juristisch gesehen, 4D Auf das Jahr hochgerechnet, 5C Offen gesagt

69 1. Nachdem, 2. Als, 3. bis, 4. Bevor, 5. Als, 6. Während, 7. Nachdem, 8. bis, 9. Solange, 10. wenn, 11. Seitdem, als

70 1E (a), 2A (t), 3G (t), 4B (a), 5C (a), 6F (t), 7D (a)

71 (1) da, (2) sodass, (3) Obwohl, (4) denn, (5) trotzdem, (6) deswegen

72 1. Ich gehe früh ins Büro, denn ich kann mich morgens am besten konzentrieren. 2. Meine Kollegen haben eigentlich viel zu tun, trotzdem quatschen sie dauernd. 3. Morgens um sieben sind alle noch zu Hause, darum kann ich in Ruhe arbeiten. 4. Zwischen 10 und 12 Uhr schaffe ich nicht viel, da das Telefon ständig klingelt. 5. Wir sitzen in einem Großraumbüro, sodass man alle Gespräche der anderen hört. 6. Ich möchte nicht allein in einem Büro arbeiten, obwohl mich der Lärm oft stört.

73 1. Dieses Smartphone ist zu teuer, als dass es ein Verkaufshit würde. 2. Der Computer ist zu alt, als dass man ihn noch verkaufen könnte. 3. Das Programm ist zu kompliziert, als dass man sich schnell einarbeiten könnte. 4. Das Internet ist zu unsicher, als dass man alle persönlichen Daten öffentlich machen sollte. 5. Die Datenmenge ist zu groß, um den

Lösungen

Film auf dem Handy ansehen zu können / anzusehen. 6. Online-Netzwerke sind zu verbreitet, um sie ignorieren zu können / zu ignorieren.

74　　1a, 2a/b, 3a, 4a/b, 5a

75　　1. Die Dozenten erklären die Grammatik genau, damit die Studenten sie begreifen. 2. Die Studenten machen die Hausaufgaben, um die neue Grammatik zu üben. 3. Das Institut hat eine Cafeteria, damit die Studenten etwas essen und trinken können. 4. Die Studenten schreiben Karteikarten, um sich die Wörter besser einzuprägen. 5. Die Dozenten verteilen viele Arbeitsblätter, damit die Studenten sich gut auf die Prüfung vorbereiten. 6. Das Institut fragt die Studenten nach ihrer Meinung, um sein Angebot weiter zu verbessern.

76　　2. zum Quatschen, 3. zum Schreiben einiger Mails, 4. zum Einkaufen, 5. zum Aufwachen

77　　1. um … zu, 2. anstatt … zu, 3. Anstatt … zu, 4. ohne … zu, 5. ohne … zu, 6. um … zu

78　　2. Die Kollegen sollten miteinander reden, anstatt dass sie sich übereinander beschweren. 3. Anstatt dass sie diese Möglichkeit nutzen, sind viele Kollegen einfach nicht gekommen. 4. Aber man kann viele Konflikte nicht lösen, ohne dass man mit allen Beteiligten spricht. 5. Der Chef sagt den nächsten Termin ab, ohne dass er den Mitarbeitern Bescheid gibt. 6. Die Teamleitung sollte sich mal etwas überlegen, damit sie die Mitarbeiter wieder motiviert.

79　　1. Die Patientin gibt an, dass sie nach ihrem Unfall sofort in die Klinik gefahren ist. 2. Sie hatte Angst, eine schwere innere Verletzung zu haben. 3. Die Patientin beschwert sich darüber, drei Stunden in der Notaufnahme gewartet zu haben. 4. Sie ist außerdem der Meinung, dass sie nicht gründlich untersucht worden ist. 5. Der behandelnde Arzt versichert, dass er alle notwendigen Untersuchungen durchgeführt hat. 6. Er machte auch den Vorschlag, die Patientin zur Sicherheit stationär aufzunehmen. 7. Die Patientin äußerte aber den Wunsch, aus dem Krankenhaus entlassen zu werden. 8. Sie berichtet, von einem Taxi nach Hause gebracht worden zu sein. 9. Der Arzt hat der Patientin empfohlen, am nächsten Tag den Hausarzt aufzusuchen. 10. Die Patientin gibt zu, dass sie ein bisschen überreagiert hat.

80　　1. Entweder kann man sich auf eine Stellenanzeige bewerben oder man schickt eine Initiativbewerbung. 2. Bei einer Bewerbung muss man nicht nur auf den Inhalt achten, sondern auch das äußere Erscheinungsbild ist wichtig. 3. Im Bewerbungsschreiben sollten weder Floskeln stehen noch sollte es Fehler geben. 4. Einerseits sollte man sich auf ein Vorstellungsgespräch gut vorbereiten, andererseits sollte man entspannt bleiben. 5. In einem Vorstellungsgespräch sollte man sowohl sich selbst positiv präsentieren als auch Fragen zur Stelle stellen. 6. Bei einem Praktikum verdient man zwar nicht viel, aber man kann bei der nächsten Bewerbung erste Berufserfahrungen angeben. 7. Je mehr Berufserfahrung man hat, desto schneller findet man eine Stelle.

81　　2. Dadurch, dass man die Wohnung ansprechend dekoriert, schafft man eine schöne Atmosphäre. / Man schafft dadurch eine schöne Atmosphäre, dass man die Wohnung ansprechend dekoriert. 3. Man gibt der Wohnung eine persönliche Note, indem man Fotos und Bilder aufhängt. 4. Man macht die Wohnung dadurch zu etwas Besonderem, dass man kleinere Möbel selbst baut. / Dadurch, dass man kleinere Möbel selbst baut, macht man die Wohnung zu etwas Besonderem. 5. Man kann ein eigenes Regal bauen, indem man alte Obstkisten streicht und stapelt. 6. Man gibt der Wohnung dadurch Frische, dass man Blumen und Pflanzen in den Räumen verteilt. / Dadurch, dass man Blumen und Pflanzen in den Räumen verteilt, gibt man der Wohnung Frische. 7. Man bringt Ordnung in die Wohnung, indem man regelmäßig Unnötiges aussortiert. 8. Kleine Räume wirken dadurch größer, dass man sie sparsam und hell möbliert. / Dadurch, dass man kleine Räume sparsam und hell möbliert, wirken sie größer.

82　　1. mit der, 2. in den, 3. die, 4. dem, 5. um den, 6. mit denen, 7. dessen, 8. auf die, 9. deren, 10. der

83　　1. was, 2. wo, 3. was, 4. was, 5. wohin, 6. wohin

84　　1. Wen, der, 2. Wem, der, 3. Wer, der, 4. Wer, dem, 5. Wer, den

85　　1. Viele Menschen machen mehrere Dinge gleichzeitig, was oft zu Fehlern führt. 2. Meine Kollegin schreibt während wichtiger Gespräche E-Mails, worüber sich schon viele beschwert haben. 3. Mein Chef ist auch immer mit mehreren Dingen beschäftigt, weswegen er oft nicht richtig zuhört. 4. Ich versuche, mich auf eine Sache zu konzentrieren, wodurch ich viel effektiver bin. 5. Viele Leute telefonieren auch beim Autofahren, weshalb häufig Unfälle passieren. 6. Durch die eigene Unachtsamkeit kann man anderen schaden, woran manche Menschen scheinbar nicht denken.

86 (1) weshalb, (2) worüber, (3) was, (4) was, (5) worüber, (6) was, (7) weshalb/worüber, (8) worauf

87 1. Je positiver die Prognosen für die Wirtschaft sind, desto öfter werden Investitionen getätigt. 2. Je bekannter eine Marke ist, desto besser sind die Verkaufszahlen. 3. Je ausgefallener eine Werbestrategie ist, desto mehr Leute kennen das Produkt. 4. Je beliebter die Produkte bei den Käufern sind, desto höher sind die Umsatzzahlen. 5. Je hochwertiger ein Produkt ist, desto länger hält es.

88 1. wie, als, 2. wie, als, 3. als, wie, 4. als, als, 5. als, wie

89 1F, 2A, 3D, 4E, 5B, 6C

90 2. Herr Schnürlein kontrolliert immer alles, als wenn ihm das Haus / das Haus ihm gehören würde. 3. Die Studenten in der WG machen die Musik immer so laut, als ob sie schwerhörig wären. 4. Das Baby von Familie Bauer weint, als ob es immer Hunger hätte. 5. Bei Hugo Walter ist immer alles dunkel, als wäre er nie zu Hause. 6. Ulla Fritz stellt ihr Fahrrad immer direkt vor die Haustür, als wenn dort niemand rein- und rausgehen müsste. 7. Der Hausmeister pfeift immer so laut im Hof, als würde ihn niemand hören.

91 (1) Falls, (2) außer wenn, (3) es sei denn, (4) Falls, (5) falls, (6) außer wenn, (7) es sei denn

92 1a, 2c, 3a, 4b, 5b, 6b, 7b, 8c, 9b, 10c, 11c, 12c

93 2. die mühelose Kommunikation der Kinder in zwei Sprachen, 3. ihre intuitive Erfassung der Regeln, 4. die Förderung des Spracherwerbs durch spielerische Aktivitäten, 5. die schnellere Einprägung neuer Wörter durch emotionalen Bezug, 6. die anfängliche Mischung der beiden Sprachen durch manche Kinder. 7. ihre mit der Zeit problemlose Unterscheidung zwischen den Sprachen, 8. das Angebot einiger Schulen von zweisprachigem Unterricht

94 2. ein Phänomen exakt erläutern, 3. sie entwickeln eine Lerntechnik, 4. die Eltern wählen eine geeignete Schule, 5. ein Wörterbuch im Geschäft kaufen

95 1. Dass man sich intensiv auf ein Vorstellungsgespräch vorbereitet, ist wichtig. 2. Sich mit der Firma und ihren Produkten zu beschäftigen, sollte selbstverständlich sein. 3. Die Personalchefs erwarten, dass man die Lücken im Lebenslauf plausibel erklärt. / Die Personalchefs erwarten, dass Lücken im Lebenslauf plausibel erklärt werden. 4. Man sollte nicht vermeiden, auf die Frage nach den Gehaltsvorstellungen klar zu antworten. 5. Dass man sich höflich und offen verhält, ist im Vorstellungsgespräch das A und O.

96 1. Angemessene und ordentliche Kleidung ist ratsam. 2. Selbstbewusstes und gelassenes Auftreten ist zu empfehlen. 3. Die/Eine klare Formulierung beruflicher Ziele macht einen guten Eindruck. 4. Viele Firmen erwarten die Teilnahme der Bewerber an einem Assessmentcenter. 5. Viele Bewerber fürchten die Frage nach ihren Schwächen.

97 (1) Zur besseren Planung des Betriebsausflugs / Für die bessere Planung des Betriebsausflugs, (2) Vor dem Start in den gemeinsamen Tag, (3) Bis zur Abfahrt der Fähre, (4) Nach Beendigung der Führung / Nach Ende der Führung, (5) Während der/unserer Wanderung entlang des Sees, (6) Durch die richtige Beantwortung aller Fragen im Team, (7) Wegen/Aufgrund der/unserer Reservierung, (8) Nach dem/unserem Essen im Restaurant, (9) Trotz der schlechten Wettervorhersage für den Ausflugstag werden wir, (10) Bei Krankheit

98 (1) …, wenn man einen Computer kauft. (2) Weil die Auswahl groß ist, … (3) Bevor man sich für ein Gerät entscheidet, … (4) Indem man auf eine leistungsstarke Grafikkarte verzichtet, … / Dadurch, dass man auf eine leistungsstarke Grafikkarte verzichtet, … (5) Um den Computer für Spiele und Filme zu nutzen, … / Damit man den Computer für Spiele und Filme nutzen kann, … (6) …, indem Sie verschiedene Anbieter vergleichen, … / … dadurch, dass Sie verschiedene Anbieter vergleichen, … (7) …, obwohl Sie sich intensiv mit dem Thema beschäftigt haben, …

Lösungen

99 2. anpassen an, 3. sich aufregen über, 4. sich beziehen auf, 5. sich entschließen zu, 6. sich entscheiden für/gegen, 7. sich erkundigen nach, 8. sich freuen auf/über, 9. sich informieren über, 10. protestieren gegen, 11. verbinden mit, 12. verweisen auf

100 2. Manche Jugendliche beschäftigen sich damit, Schulprobleme zu bewältigen. – Manche Jugendliche beschäftigen sich mit der Bewältigung von Schulproblemen.
3. Erwachsene legen häufig Wert darauf, sich am Wochenende zu erholen. – Erwachsene legen häufig Wert auf Erholung am Wochen-ende.
4. Studenten freuen sich meistens darauf, ins Berufsleben einzutreten. – Studenten freuen sich meistens auf den Eintritt ins Berufsleben.
5. Angestellte denken in stressigen Phasen manchmal darüber nach, ihren Job zu kündigen. – Angestellte denken in stressigen Phasen manchmal über eine/die Kündigung ihres Jobs nach.

101 1b, 2b, 3a, 4c, 5a, 6b, 7c, 8a, 9c, 10a, 11a, 12a, 13c, 14b, 15a

Grammatikterminologie

Rund ums Verb	
Infinitiv **Infinitiv mit _zu_**	_gehen, laufen, müssen …_ _zu gehen, zu laufen, zu müssen …_
konjugieren **Konjugation**	_ich geh**e**, du geh**st**, er geh**t** …_

Modalverben
    objektiv
    subjektiv
	können, müssen, sollen, wollen, dürfen, möchten
	 Er kann schwimmen.
	 Er kann recht haben.
	 Die Verhandlungen sollen gescheitert sein.
	 Subjektive Modalverben drücken eine Vermutung aus. Mit den subjektiven Modalverben _sollen_ und _wollen_ gibt man Aussagen wieder, die man nicht überprüfen kann oder bezweifelt.

Modalitätsverben	_sein zu, haben zu, nicht brauchen zu, scheinen zu, drohen zu, verstehen zu, wissen zu_
Präfix/Vorsilbe	_**an**rufen – er/sie ruft **an**_ _**be**zahlen – er/sie **be**zahlt_
trennbare Verben	_**ein**brechen – Hoffentlich bricht niemand in unser Haus **ein**._ _**an**rufen – Ruf doch endlich mal wieder **an**!_ _**weg**gehen – Um wie viel Uhr bist du gestern **weg**gegangen?_
untrennbare Verben	_**er**kennen – **Er**kennst du mich nicht?_ _**be**zahlen – Hast du das Essen **be**zahlt?_ _**zer**reißen – Warum hast du das Bild **zer**rissen?_
trennbare und untrennbare Verben	Die Vorsilben _durch-, über-, um-, unter-, wider-_ und _wieder-_ können trennbar oder untrennbar sein. _Wir sind die ganze Nacht **durch**gefahren._ _Wir haben den Tunnel **durch**fahren._
transitive Verben	_Ich **lese** ein Buch._
intransitive Verben	_Ich **schlafe**. Ich **helfe** ihm beim Renovieren._
reflexive Verben	_**sich** erinnern_

Modus	
Indikativ	_Sie ruft an._
Konjunktiv II **_würde_ + Infinitiv**	_hätte, wäre, sollte, dürfte, wollte, müsste, könnte, bräuchte, wüsste …_ _Sie würde anrufen._
Konjunktiv I **Infinitivstamm + Endung**	_Er sagte, er ruf**e** sie an._
Imperativ	_Ruf sie an!_ _Ruft sie an!_ _Rufen Sie sie an!_

Aktiv	_Ich baue ein Haus._
Passiv	
Vorgangspassiv	_Das Haus **wird** gebaut._
Zustandspassiv	_Das Haus **ist** gebaut._
unpersönliches Passiv	_**Es** wird viel gearbeitet._

Nomen-Verb-Verbindungen	_die Flucht ergreifen (= fliehen)_ _in Betracht kommen (= möglich sein)_

Grammatikterminologie

Rund ums Nomen	
deklinieren Deklination	Nominativ: *Hier ist **der Hund**.* Akkusativ: *Ich sehe **den Hund**.* Dativ: *Kommst du mit **dem Hund**?* Genitiv: *Wie ist der Name **des Hundes**?*
n-Deklination	*Ich sehe den Jung**en**/Nachbar**n**/Bär**en**.*

Nominalisierung
   mit Suffix/Nachsilbe
 	
   mit Präfix/Vorsilbe
   ohne Suffix oder Präfix
   (Konversion/Nullableitung)
	
	*entstehen → die Entsteh**ung***
	*faul → die Faul**heit***
	*erleben → das Erleb**nis***
	*schreien → das **Ge**schrei*
	erkennen → das Erkennen
	blau → das Blau

Adjektiv	*schön, telefonisch, durchführbar …*
Kasus	
Nominativ	*ein schön**es** Haus*
Akkusativ	*einen süß**en** Hund*
Dativ	*einem nett**en** Jungen*
Genitiv	*einer freundlich**en** Frau*

Partizip	
Partizip I	*schlafen**d**, lachen**d**, spielen**d** …*
Partizip II	***ge**lös**t**, passier**t**, **ge**fund**en** …*
modales Partizip	*eine **zu** beachten**de** Regel*
Partizipialgruppen	*genau betrachtet, grob geschätzt, kurz überschlagen …*

Pronomen	
Indefinitpronomen	*man, (k)einer/(k)eins/(k)eine, niemand, jemand, irgendwer …*
Personalpronomen	*ich/mich/mir, du/dich/dir …*
Possessivpronomen	*meiner/meines/meine, deiner/deines/deine, seiner/seines/seine …*
Reflexivpronomen	*sich, mir, euch …*
Relativpronomen	*der, den, das, die, wer, wem …*

Adverb	*gern, oft, selten …*

Präpositionaladverbien	*davon, daran, darauf …* *wovon, woran, worauf …*

Präpositionen	
mit Akkusativ mit Dativ mit Genitiv	*durch, für, ohne …* *bei, mit, nach …* *trotz, während, wegen …*
Wechselpräpositionen	*an, auf, in, hinter, neben, über, unter, vor, zwischen* *auf de**n** Tisch (Wohin?) – auf de**m** Tisch (Wo?)* *unter **die** Bank (Wohin?) – unter **der** Bank (Wo?)*

Konnektoren	
… setzen Ergänzungen, Angaben, Sätze oder Textteile zueinander in eine Beziehung und verbinden sie miteinander.	*und, aber, denn, weil, wenn, dennoch, trotzdem …*

Modalpartikeln	
	*Das ist **aber** schön, dich zu sehen.*
	*Das mache ich **doch** gerne.*
	*Das ist **ja** nett.*
	*Hilf mir **mal**!*
	*Wie geht's dir **denn**?*

temporal	Zeit
Präpositionen	***am** 1. Mai, **in** drei Wochen, **nach** dem Mittagessen, **von** morgens **bis** abends …*
Konnektoren	***Als** ich nach Hause kam, …*
	*…, **seit** sie angerufen hatte.*
	*…, **während** wir in der Sonne lagen.*
Adverbien	*gestern, immer, nie …*
lokal	Ort/Lage
Präpositionen	***bei** der Schule, **im** Haus, **an** der Ecke, …*
Adverbien	*da, dort, drinnen, draußen …*
Relativpronomen	*die Stadt, **woher** ich komme*
kausal	Grund
Präpositionen	***wegen** des Regens, **durch** die Verspätung, **infolge** des Treffens …*
Konnektoren	*weil, denn …*
Adverbien	*also, deshalb, deswegen, …*
final	Absicht, Zweck, Ziel
Präpositionen	***für** die Reise, **zum** Aufladen*
Konnektoren	*damit, um …, zu, …*
konditional	Bedingung
Präpositionen	*bei, ohne*
Konnektoren	*wenn, falls …*
konsekutiv	positive/negative Folge
Präpositionen	*infolge*
Konnektoren	*deshalb, andernfalls, sodass …*
konzessiv	Gegengrund/Einschränkung
Präpositionen	*trotz*
Konnektoren	*obwohl, trotzdem, dennoch, zwar …, aber, …*
adversativ	Gegensatz
Präpositionen	*entgegen*
Konnektoren	*demgegenüber, während, anstatt dass …*
modal	Art und Weise
Präpositionen	*mit, ohne, entsprechend, gemäß …*
Konnektoren	*indem, wie …*
Adverbien	*gern(e), wenigstens, eher …*

Negation	
	*Hier ist **nichts**. Er arbeitet **nicht**. Das habe ich noch **nie** gemacht.*
	*Hier ist **kein** Schlüssel.*
	***Des**interesse, **In**toleranz, **un**möglich, inhalts**los** …*

Grammatikterminologie

Satzglieder	
Subjekt	*Herr Mayer sieht den Hund.*
Objekt	*Herr Mayer sieht den Hund.*
Ergänzungen	Ergänzungen sind Informationen im Satz, die vom Verb verlangt werden. Meistens kann man sie nicht weglassen:
Akkusativergänzung	*Ich suche **meinen Schlüssel**. / Er isst (**einen Apfel**).*
Dativergänzung	*Der Kuchen schmeckt **mir**.*
Präpositionalergänzung	*Sie interessieren sich **für das Haus**.*

Angaben
   temporal
   kausal
   modal
   lokal
	Angaben sind fakultative Informationen im Satz. Wenn man sie weglässt, bleibt der Satz grammatikalisch korrekt.
	*Ich rufe dich **morgen vielleicht aus der Arbeit** an.*

Attribute
 	
   Adjektiv
   Genitivattribut
   Präpositionalattribut
	Attribute geben genauere Informationen zu einem (Bezugs-) Wort. Sie sind Teil eines Satzglieds:
	*das **schöne** Haus*
	*die Geschichte **der Vampire***
	*Beobachtungen **zum Spracherwerb***

Wortstellung im Satz	
Position 1	*Ich bin letztes Jahr spontan aus Liebe nach Australien ausgewandert.*
Position 2	*Ich bin letztes Jahr spontan aus Liebe nach Australien ausgewandert.*
Position 0	*Aber letztes Jahr bin ich spontan aus Liebe nach Australien ausgewandert.*
Satzklammer	*Ich **bin** letztes Jahr nach Australien **ausgewandert**.*
Mittelfeld	*Ich **bin** letztes Jahr spontan aus Liebe nach Australien **ausgewandert**.*

Satztypen	
Subjekt- und Objektsätze **Subjektsatz**	Sätze, die das Subjekt oder Akkusativobjekt eines Satzes ersetzen. *Im Gespräch ist **Lügen** nicht ratsam.* *Im Gespräch ist es nicht ratsam, **dass man lügt / zu lügen**.*
Objektsatz	*Viele fürchten **Kritik**.* *Viele fürchten, **dass man sie kritisiert / kritisiert zu werden**.*
Infinitivsätze	*Es ist sinnvoll, Verträge genau **zu lesen**.* *Ich empfehle, vorher den Chef **zu fragen**.*
Relativsätze	*die Kritik, **die** ungerecht war* *das Wohnzimmer, **in dem** ich mich wohlfühle* *der Ort, **wo** ich wohne*

Sprachstile	
Verbalform/-stil	*Die Forschung **beobachtet** den Spracherwerb und das Sprachenlernen.*
Nominalform/-stil	*In der Forschung gibt es **Beobachtungen zum Spracherwerb und zum Sprachenlernen**.*

Quellenverzeichnis

S. 6   Alan Bailey – shutterstock.com
S. 7   oben: goodluz – shutterstock.com
       1 Marjan Apostolovic – shutterstock.com
       2 erkomaster – shutterstock.com
       3 Dragon Images – shutterstock.com
       4 Voyagerix – shutterstock.com
       5 Marcin Balcerzak – shutterstock.com
       6 l i g h t p o e t – shutterstock.com
S. 8   Monkey Business Images – shutterstock.com
S. 9   De Visu – shutterstock.com
S. 10 bikeriderlondon – shutterstock.com
S. 12 Mann: g-stockstudio – shutterstock.com
       1 milaphotos – shutterstock.com
       2 Studio Araminta – shutterstock.com
       3 Filip Fuxa – shutterstock.com
       4 dolomite-summits – shutterstock.com
       5 funkyfrogstock – shutterstock.com
S. 13 Billion Photos – shutterstock.com
S. 14 Aquarell – shutterstock.com
S. 16 pathdoc – shutterstock.com
S. 18 racorn – shutterstock.com
S. 20 kryzhov – shutterstock.com
S. 22 EDHAR – shutterstock.com
S. 24 Mendelex – shutterstock.com
S. 26 Yulia Petrova – shutterstock.com
S. 28 Ditty_about_summer – shutterstock.com
S. 29 maxpetrov – shutterstock.com
S. 31 Eugenia Lucasenco – shutterstock.com
S. 32 oneinchpunch – shutterstock.com
S. 34 Junial Enterprises – shutterstock.com
S. 35 Restaurant Tim Raue / Nils Hasenau
S. 38 wavebreakmedia – shutterstock.com
S. 40 Tymonko Galyna – shutterstock.com
S. 41 Michael Thaler – shutterstock.com
S. 45 canadastock – shutterstock.com
S. 46 Robert Kneschke – shutterstock.com
S. 49 Dawn Harmer – shutterstock.com
S. 51 ProStockStudio – shutterstock.com
S. 52 XiXinXing – shutterstock.com
S. 55 fotoinfot – shutterstock.com
S. 60 wavebreakmedia – shutterstock.com
S. 62 BlueHorse_pl – shutterstock.com
S. 64 Wolfgang Kaehler / Kontributor – Getty Images
S. 66 pure-life-pictures – Fotolia.com